Der einsame Beobachter bei Fitzgerald, Salinger und Ellis

Individuum und Gesellschaft
im US-amerikanischen Roman des 20. Jahrhunderts

von

Götz Egloff

Tectum Verlag
Marburg 2001

Die Deutsche Bibliothek - CIP-Einheitsaufnahme

Egloff, Götz:
Der einsame Beobachter bei Fitzgerald, Salinger und Ellis.
Individuum und Gesellschaft im US-amerikanischen Roman des 20. Jahrhunderts.
/ von Götz Egloff
- Marburg : Tectum Verlag, 2001
ISBN 978-3-8288-8216-4

© Tectum Verlag

Tectum Verlag
Marburg 2001

Mehrere Menschen haben mich während meiner Studienzeit an der Ruprecht-Karls-Universität Heidelberg in der einen oder anderen Form unterstützt, inspiriert, beeinflusst, angeregt; mir Horizonte eröffnet. An dieser Stelle möchte ich mich bei Ihnen bedanken.

Meine Eltern

Priv.-Doz. Dr. phil. Dietmar Schloss

Dr. phil. Karl Schubert

Prof. Dr. phil. Dieter Schulz

Prof. Dr. phil. Micha Brumlik

Prof. Dr. rer. nat. Felix von Cube

Dr. med. Ursula Zander

und

Daniela Kress M.A.

Inhaltsverzeichnis

1. Einleitung und Überblick 7
2. Zu den Wurzeln des Romans 13
   - 2.1. Einsamkeit als konstitutives Element des Romans 14
3. Zum Problem der *Reliability* 18
4. Der Beobachter Nick in *The Great Gatsby* 23
5. Der Beobachter Holden in *The Catcher in the Rye* 41
6. Der Beobachter Clay in *Less Than Zero* 57
   - 6.1. Clays Welterfahrung:
     Zu Religion und Entropie in *Less Than Zero* 90
7. Abschließende Bemerkungen 103
8. Literaturverzeichnis 107

"Wenn, wie Nietzsche behaupten wird, "Gott tot ist", dann deshalb, weil die Allmacht des Sehens (Theos) für immer erloschen ist. Das *absolute* Sehen des Göttlichen (Schöpfer) und das *relative* Sehen des Menschen (Beobachter) werden beide in den Verfall hineingerissen, in die endgültige Blindheit."
Paul Virilio[1]

"How can you live in a world in which you pay for everything?"
Raoul Vaneigem[2]

1. Einleitung und Überblick

Die vorliegende Arbeit behandelt die Figur des einsamen Beobachters anhand von drei Romanen des 20. Jahrhunderts: Francis Scott Fitzgeralds *The Great Gatsby* (1925), Jerome David Salingers *The Catcher in the Rye* (1951) und Bret Easton Ellis' *Less Than Zero* (1985). Der Fokus der Arbeit soll auf Ellis' *Less Than Zero* liegen. Anhand der beiden anderen Romane soll aufgezeigt werden, in welcher Form sich die Rolle des Beobachters im Verlauf des 20. Jahrhunderts zuspitzt.

Dabei soll sowohl auf die individuellen Faktoren der Welterfahrung der Erzähler eingegangen werden, als auch auf die soziokulturellen Determinanten, die konstitutiv für die erzählte Wirklichkeit sind.

Der vorliegenden Arbeit liegt dabei literaturtheoretisch ein kontextorientierter Ansatz zu Grunde, der die Romane insofern als erzählte Wirklichkeit zu begreifen sucht, als dass diese als ein Abbild der realen soziokulturellen Bedingungen der Epoche verstanden wird. Die jeweiligen soziokulturellen Bedingungen schlagen sich dabei sowohl individuell als auch gesellschaftlich psychisch nieder und sind somit als paradigmati-

---

[1] Virilio, Paul. *Rasender Stillstand*. Übers. Bernd Wilczek. Fischer, Frankfurt am Main, 1998. (Hervorhebungen im Original.)
[2] Vaneigem, Raoul. *The Revolution of Everyday Life*. Trans. Donald Nicolson-Smith. Left Bank, Seattle, 1983.

sche Sozialisationsmuster anzusehen, die Individuum und Gesellschaft in ihren Wechselbezügen konstituieren.

Dabei sollen auch mittels tiefenpsychologischer Ansätze tiefere Wirklichkeitsschichten deutlich gemacht werden; dies einerseits, um intrapsychische Motivationen der Protagonisten verstehen zu können, andererseits, um Phänomene im soziokulturellen Kontext deuten zu können.

Weiterhin sollen Anleihen aus der Simulationstheorie dazu verhelfen, sich dem historischen Phänomen der rapiden Zunahme an Informationsverfügbarkeit im ausgehenden 20. Jahrhundert sowie deren Auswirkungen adäquat nähern zu können.

Die Welterfahrung der jeweiligen Ich-Erzähler soll mittels dreier Romane erörtert werden, die zu ganz unterschiedlichen Zeitpunkten erschienen. Dennoch haben sie einiges gemeinsam, wie zu zeigen sein wird.

Am hervorstechendsten ist dabei die Fokussierung auf die Wahrnehmung der jugendlichen Ich-Erzähler: diese sind Beobachter ihrer Lebenswelt und führen den Leser durch ihre subjektive Wirklichkeit.

Gleichzeitig weisen die Ich-Erzähler der Romane im Modus der Begegnung mit der Welt große Ähnlichkeiten auf. So sind sie in ihrer Welterfahrung einsam; sie sind in ihrer Wesenhaftigkeit das, was für Lukács die Grundbedingung des Wesens der Protagonisten des Romans ist: sie sind "Suchende".[3]

Der Ich-Erzähler eines Romans ist nicht zwangsläufig ein distanzierter Beobachter des Handlungsgeschehens, sondern ist - sowohl aktiv als auch passiv - in dieses verwoben. Er konstituiert das Gefüge mit und ist Teil des Phänomens, das er beobachtet. Auch die Ich-Erzähler der hier zu behandelnden Romane sind Bestandteil des Handlungsverlaufs. Was ihre herausgehobene Stellung ausmacht, ist jedoch, dass sie, in der einen oder anderen Form, als Subjekt auf sich allein gestellt ihrer Welterfahrung gegenübertreten müssen. Diese Welterfahrung fällt, entspre-

---

[3] Lukács, Georg. *Die Theorie des Romans. Ein geschichtsphilosophischer Versuch über die Formen der großen Epik.* Deutscher Taschenbuch Verlag, München, 1994, 51.

chend der unterschiedlichen Persönlichkeiten der Erzähler und der unterschiedlichen zeitlichen Perioden, in denen diese sich befinden, substantiell unterschiedlich aus. So erleben sie sich und ihre Umwelt gemäß den Wirklichkeiten, die sie in ihren Biographien vorfanden und vorfinden. Abgesehen von der existentiellen Dimension der Sinnsuche sowie den konstitutionellen Faktoren, die einen *observer* ausmachen, ist also davon auszugehen, dass der Beobachter sich aus seiner Beziehung zur Gesellschaft heraus konstituiert. Der Beobachter (ent)steht somit immer im Spannungsverhältnis zur Gesellschaft, in der er sich befindet. Er ist gewissermaßen auf sie angewiesen, so schwierig seine Auseinandersetzung mit dieser auch ist, und so degoutant, wie diese sich ihm mitunter auch darstellen mag.

Es soll hier nicht darum gehen, die drei Romane auf ein gemeinsames Prokrustesbett zu zerren. Die vorhandenen Schnittstellen der Romane sollen beleuchtet werden, und dies perspektivisch mittels der Figur des Beobachters.

Es setzt sich jeder der drei Ich-Erzähler mit einer Umwelt auseinander, die einerseits die der jeweiligen Ära inhärenten Merkmale aufweist. So ist Nick in *The Great Gatsby* ein Kind des *Jazz Age*, Holden in *The Catcher in the Rye* eins der Nachkriegszeit, und Clay in *Less Than Zero* eins des angehenden Informationszeitalters. Andererseits lässt sich feststellen, dass diese drei durchaus unterschiedlichen Gesellschaften erhebliche Ähnlichkeiten, und mehr noch, aus diachroner Perspektive gesehen, zum Ende des 20. Jahrhunderts hin eine Zuspitzung der gesellschaftlichen Verhältnisse aufweisen. Die Figur des Beobachters sieht sich mit einer sich ihm immer drastischer darstellenden Wirklichkeit konfrontiert. In Ellis´ Roman besteht gar die Gefahr der Auflösung der Beobachterposition selbst.

Alle drei Romane werden aus der Retrospektive erzählt; nur Clay in *Less Than Zero* erzählt dabei im *present tense* - mit Ausnahme einiger *memory*-Kapitel und der wenigen, sehr kurzen, Schlusskapitel. Bedeutsam für die Figur des Beobachters ist, dass den drei Ich-Erzählern unterschiedliche Modi der Welterfahrung innewohnen. So kommentiert Nick - meist distanziert - in starkem Maße das Handlungsgeschehen. Er bewertet dabei Situationen deutlich. Holden tut dies auch - nur aus der ihm eigenen, weniger distanzierten, idiosynkratischen Haltung heraus. Clay dagegen kommentiert und bewertet das Handeln der Figuren - oder, wie Steur es formuliert: das, "was die Figuren des Romans für Handeln halten"[4], - im Prinzip gar nicht. Dies ist sicher sinnbildlich für die Schnelligkeit, die Wechselhaftigkeit, die ´Virtualität´ der Zeit zu verstehen, in der Clay Erfahrungen macht. Die atemlose Dynamik der Gesellschaft, deren Teil Clay ist, macht es ihm nicht eben leicht, Stellung zu beziehen. Damit ist es für den Rezipienten ungleich schwieriger, sich dem Beobachter Clay zu nähern.

Statt das Geschehen aus der Retrospektive zu bewerten, taucht Clay in die Erzählgegenwart ab, ohne in dieser explizit Stellung zu beziehen. Er lässt den Leser lediglich wissen, dass er über die Weihnachtstage - die Parallele zu *The Catcher in the Rye* ist offensichtlich - in seine Heimatstadt, nach Los Angeles, kommt. Doch selbst Clays wenig hoffnungsvolle Rückkehr ans College in New Hampshire stellt kaum eine Bewertung des Handlungsverlaufs dar, zu unkonturiert sind für ihn die Unterschiede beider Orte.

Somit ergibt sich, dass sich diese Arbeit, was *Less Than Zero* angeht, einerseits Clays Reflektionen im Geschehen selbst, andererseits motivischen Auffälligkeiten,[5] deren Wahrnehmung seitens Clay ihn als einsamen Beobachter ausweisen, widmet. Motivische Verbindungen im Roman werden dabei im Kontext mit der Figur des Beobachters untersucht.

---

[4] Steur, Horst. *Der Schein und das Nichts. Bret Easton Ellis´ Roman Less Than Zero.* Verlag Die Blaue Eule, Essen, 1995, 31.

[5] Der "moral symbolism", den Lehan für *The Great Gatsby* postuliert, ist in ähnlicher Weise auch in *Less Than Zero* vorhanden. (Vgl. Lehan, Richard. *The Great Gatsby. The Limits of Wonder.* Twayne Publishers, New York, 1995, 12.)

Kapitel 2 soll die Genese des Romans aus dem Epos skizzieren; dabei soll im Näheren Lukács' Konzept der Einsamkeit als konstitutivem Element des Romans herausgearbeitet werden. Dieses ist für die zu behandelnden Beobachterfiguren bedeutsam.

Kapitel 3 soll das Problem der *reliability* - der Erzähler-Verlässlichkeit - der Ich-Erzähler kurz skizzieren, bevor in Kapitel 4 die Beobachterfigur Nick in *The Great Gatsby* untersucht wird.

Analog zu Kapitel 4 entwirft Kapitel 5 eine Charakterisierung der Figur Holden in *The Catcher in the Rye* - diesem "Portrait of the Artist As A Very Nervous Young Man" (French)[6] - und deren Weltbezüge.

Kapitel 6 widmet sich dann der Figur Clay in *Less Than Zero* und deren Begegnung mit einer nahezu grotesk anmutenden Umwelt. Clays ikonomanische Welterfahrung wird des Weiteren vor dem Hintergrund seiner Wahrnehmung von Religion und Entropie beleuchtet. Gleichzeitig soll das Entropie-Konzept selbst skizziert werden sowie die schon frühe literarische Verwendung des Entropie-Motivs Erwähnung finden. So wird in der neueren Forschung - beispielsweise bei Freese - auf eine frühe Verwendung dessen in *The Great Gatsby* hingewiesen.[7]

---

[6] French, Warren. *J.D. Salinger.* Twayne Publishers, New York, 1963, 124.
[7] Freese, Peter. *From Entropy to Apokalypse and Beyond. The Second Law of Thermodynamics in Post-War American Fiction.* Verlag Die Blaue Eule, Essen, 1997, 175.

2. Zu den Wurzeln des Romans

Um sich der Figur des Beobachters, der in den Romanen der Ich-Erzähler ist, nähern zu können, ist es erforderlich das Wesen des Romans zu umreißen. Ein kurzer Blick auf die historische Entwicklung des Romans soll hier dazu dienen.

Als Ur-Vorläufer des Romans sind die griechischen Nationalepen *Ilias* und *Odyssee* anzusehen, die von Homer etwa im 7. Jahrhundert v. Chr. verfasst werden. Diese, sowie Vergils zwischen 31 und 19 v. Chr. verfasste *Aeneis*, bilden die Grundlage, auf der Dante Alighieris *Divina Commedia* (1307-1321), in der Neuzeit Edmund Spensers *Fairie Queene* (1590) und John Miltons *Paradise Lost* (1667) entstehen.

Besonders in den klassischen Epen hat der Held heroische Aufgaben nationalen Ausmaßes zu bewältigen; dabei konstituiert das Epos, die "Epopöe" (Lukács), eine "von sich aus geschlossene Lebenstotalität".[8] Dieses geschlossene Weltbild erscheint tief verankert in Mythen, Religion, Archetypen. Der Held des Epos ist Teil dessen, und seine Aufgaben haben dementsprechend eine allegorische Dimension. Mit dem langsamen Zerfall des ´objektiven´ Weltbildes und dem Ersetzen desselben durch relative, subjektive Anschauungen gelangen daraufhin neue Formen der Prosa in den Vordergrund.

Als ein weiterer Vorläufer des Romans ist die Romanze anzusehen. So lebt diese - in der Antike noch in Prosa verfasst - im Spätmittelalter in Versform auf. Ein Beispiel dafür ist das anonyme *Sir Gawain and the Greene Knight* aus dem 14. Jahrhundert.

Trotz ihrer Versform und der damit verbundenen äußeren Ähnlichkeit zum Epos gilt die Romanze als direkter Vorläufer des Romans. Die

---

[8] Lukács, Georg. *Die Theorie des Romans*, 51.

Handlung ist gestrafft und es treten individuelle Eigenschaften des Helden in den Vordergrund. Die klare Abgrenzung der Romanze vom Epos mit seinem archaischen Gepräge liegt also begründet in der perspektivischen, subjektiven Erfahrung des Helden und somit in der Fokussierung auf realistische, individuelle Themen. Nationale oder gar kosmische Topoi entziehen sich dabei dem Blickwinkel des Helden; stattdessen sieht sich nun das schwache, unsichere, unverankerte Individuum mit seiner direkten Umgebung konfrontiert.

Gleichzeitig ist damit der Roman in seiner Entstehung begriffen. Im englischen Raum begründen Daniel Defoe, Samuel Richardson, Henry Fielding und Laurence Sterne im 18. Jahrhundert dieses neue Genre, wenn auch ihre Romane noch von epischen Elementen durchdrungen sind. Das realistisch-individualistische Moment des Romans konstituiert sich jedoch deutlich aus der Art von Themen, die in der Lebenswirklichkeit der Protagonisten verankert sind. So sind z.B. in *Moll Flanders* (1722) und *Tom Jones* (1749) Elemente der *picaresque novel* enthalten. Der Romantypus der *picaresque novel* stellt - bisweilen satirisch-überspitzt - das Aufeinanderprallen gesellschaftlicher Konventionen und individueller Bedürfnisse des Protagonisten dar. Somit gelangt der Charakter des Protagonisten in den Vordergrund. Der zur *picaresque novel* in enger Beziehung stehende *Bildungsroman* rückt dann das Durchlaufen einer Entwicklung des Protagonisten in den Mittelpunkt.

2.1. Einsamkeit als konstitutives Element des Romans

1916 legt Georg Lukács, wie Schramke sie nennt, "eine antizipierende Charakteristik des modernen Romans" [9] vor: *Die Theorie des Romans*. Diese entstand, nach Lukács´ Bekunden, in einer "Stimmung der per-

---
[9] Schramke, Jürgen. *Zur Theorie des modernen Romans*. München, 1974, 9.

manenten Verzweiflung über den Weltzustand".[10] Lukács thematisiert hier das Verhältnis von Epos und Roman zueinander in ihrer geschichtlich bedingten Dimension. Dabei polarisiert er die beiden Gattungen, die bei Lukács Weber'schen Idealtypen gleichkommen. Walter Benjamin wird wenig später den auf dieselben Gattungen bezogenen Transformationsgedanken hervorheben.

Lukács greift Hegels Postulat des Romans als moderne *bürgerliche Epopöe* auf und postuliert "die Entsprechung von historisch-gesellschaftlichen Formationen und künstlerischen, besonders: epischen Formen".[11] Die geschlossene Form des Epos entspricht somit der Homogenität der griechischen Antike: "die Epopöe gestaltet eine von sich aus geschlossene Lebenstotalität".[12] Die moderne Welt dagegen ist nicht mehr geschlossen, sondern heterogen und verworren, und bedingt somit paradigmatisch eine Neubestimmung des Helden.

Lukács, der sich zum Zeitpunkt der Veröffentlichung seiner Schrift noch nicht der materialistischen Geschichtsauffassung angeschlossen hatte, benennt hier, wie Vogt ausführt, im Anschluss an den deutschen Idealismus die Umwandlung der Topographie des Geistes als Konstituens für eine Veränderung der Kunstformen im historischen Wandel. Lukács sieht somit die Kunstformen einer geschichtsphilosophischen Dialektik unterworfen.[13]

Die Epopöe, das Epos, wird also in der modernen Gesellschaft vom Roman abgelöst, da nun das epische Individuum mit der Heterogenität der Welt konfrontiert wird. So entsteht dieses Individuum aus der "Fremdheit zur Außenwelt",[14] es ist nicht mehr Teil eines organischen Ganzen. Damit konstituiert sich im Roman das persönliche Schicksal des Helden; ein Schicksal, das im Epos das Schicksal der Gemeinschaft

---
10 Lukács, *Die Theorie des Romans*, 6.
11 Vogt, Jochen. *Aspekte erzählender Prosa*. Westdeutscher Verlag, Opladen, 1990, 202.
12 Lukács, *Die Theorie des Romans*, 51.
13 Vogt, *Aspekte erzählender Prosa*, 202.
14 Lukács, *Die Theorie des Romans*, 57.

ist. Da das persönliche Schicksal des Helden ein perspektivisches ist, lassen sich keine Absolutheiten des Begriffssystems mehr ableiten. Im Gegenteil konstituiert sich die Welt in der perspektivischen Wahrnehmung des Protagonisten als brüchig, sinnentleert, fremd: "Das epische Individuum, der Held des Romans, entsteht aus dieser Fremdheit zur Außenwelt".[15] Somit "objektiviert sich die formbestimmende Grundgesinnung des Romans als Psychologie der Romanhelden: sie sind Suchende." [16]

Dieses Suchen des Protagonisten manifestiert sich in den in dieser Arbeit behandelten Romanen in Beobachtungs- und Reflektionsvorgängen. So steht Nick Carraway in *The Great Gatsby* - auf seiner Suche nach Wissen, Erfahrung, Erkenntnis - zunächst in der Peripherie des Handlungsverlaufs; allmählich rückt er der Person Gatsby immer näher, um dann eine Entwicklung zu durchlaufen, deren Folgen für Nicks eigenes Schicksal unsicher bleiben.

Holden Caulfield in *The Catcher in the Rye* sucht eine Welt ohne *phoniness*, in der er keine Desillusionierung zu befürchten hat; schlussendlich muss er sich jedoch dem gesellschaftlichen Status quo stellen. Auch bei Holden bleibt offen, inwieweit er sein Leiden an den *shortcomings* seiner Welt in einen selbstbestimmten Gestaltungsprozess wird transformieren können.

Clay in *Less Than Zero*, heimgesucht von der spätkapitalistischen Konsumgesellschaft, gelangt nur schwerlich zu irgendeiner Form der Erkenntnis. Seine Wünsche, seine Sehnsüchte, liegen unter einem vagen, amorphen Angstgefühl begraben. In der hybriden Welt, in der er sich befindet, ist die Sinn-Suche zu einem latenten Unbehagen geronnen, das mit allerlei Eskapaden abgewehrt werden soll.

---

[15] Lukács, *Die Theorie des Romans*, 56-57.
[16] Lukács, *Die Theorie des Romans*, 51.

Allen drei Protagonisten - in der ihnen eigenen "transzendentalen Heimatlosigkeit" [17] - ist gemeinsam, dass sie in ihrem suchenden Beobachten, in der einen oder anderen Form, Desillusionierungen erfahren, aus der die Resignation des Subjekts hervorgeht. Genau dahinter steht dann auch das konstitutive Moment des Romans: das Reflektierenmüssen. Jedoch ist damit nur das "'Erringen der Selbsterkenntnis'", so Vogt dazu, "keineswegs aber ein Wiederfinden der verlorenen 'Lebensimmanenz des Sinns'" möglich.[18] Vogt stellt weiterhin fest:

> Die neue ästhetische Qualität des Romans liegt darin, daß er die Entzweiungen, an denen die Figuren wie sein Schöpfer leiden, in Beschreibung und Reflektion aushält und dadurch auf einer höheren Ebene als widerspruchsvolle Einheit konstruiert. Damit wird die distanziert-reflexive Haltung des modernen Künstlers, die bei Hegel hier und da schon anklingt, als gattungsspezifisch postuliert: 'Dies Reflektierenmüssen ist die tiefste Melancholie jedes echten und großen Romans.'"[19]

Wie Lukács ausführt, obliegt es dem Roman, "das Unabgeschlossene, Brüchige, und Übersichhinausweisende der Welt" [20] darzustellen. So ist der Roman "...die Epopöe eines Zeitalters, für das die extensive Totalität des Lebens nicht mehr sinnfällig gegeben ist, für das die Lebensimmanenz des Sinnes zum Problem geworden ist, und das dennoch die Gesinnung zur Totalität hat." [21]

Allen drei Romanen ist gemein, dass den drei Ich-Erzählern diese "Lebensimmanenz des Sinnes" nicht gegeben ist. Sie nehmen stattdessen eine heimatlose, entfremdete Haltung in der modernen Welt ein.

Indem Nick die Geschichte vom Scheitern des Selfmademan James Gatz erzählt, erzählt er auch vom Scheitern seiner eigenen Illusion.

Holden erzählt seine eigene Geschichte, indem er in seiner Welt eine Position - die des individualistischen Outsiders - einnimmt. Über seine

---

[17] Lukács, *Die Theorie des Romans*, 52.
[18] Vogt, *Aspekte erzählender Prosa*, 203.
[19] Vogt, *Aspekte erzählender Prosa*, 203.
[20] Lukács, *Die Theorie des Romans*, 61. Zit. n. Vogt, *Aspekte erzählender Prosa*, 203.
[21] Lukács, *Die Theorie des Romans*, 47.

Entfremdung von dieser inauthentischen Welt gibt er dem Leser wiederum Einblick in seine idiosynkratische Wahrnehmung dieser.

Mutatis mutandis erzählt auch Clay in *Less Than Zero* seine eigene Geschichte: die seiner zerrütteten Existenz in einer aus den Fugen geratenen Welt, die nur Einsamkeit hinterlässt.

3. Zum Problem der *Reliability*

Der Problematik der Erzählerverlässlichkeit, der *reliability*, Rechnung zu tragen, sei hier eine kurze Diskussion des Problems anhand der drei Romane vorangestellt. Rimmon-Kenan definiert den *reliable narrator* folgendermaßen:

> A reliable narrator is one whose rendering of the story and commentary on it the reader is supposed to take as an authoritative account of the fictional truth. An unreliable narrator, on the other hand, is one whose rendering of the story and/or commentary on it the reader has reasons to suspect.[22]

Im traditionellen literaturwissenschaftlichen Verständnis ist in den hier behandelten Romanen das Verhältnis von Wahrnehmung und Mitteilung der Ich-Erzähler und der fiktiven Wirklichkeit teilweise problematisch. Allen drei Ich-Erzählern ist gemein, dass sie die Kriterien, die Rimmon-Kenan dem *unreliable narrator* zu Grunde legt, mehr oder minder erfüllen. So ist ein Erzähler, dem man die folgenden Kriterien zuschreiben kann, als eher unverlässlich anzusehen: "the narrator's limited knowledge, his personal involvement, and his problematic value-scheme".[23]

Mithilfe von Rimmon-Kenans Kriterien lässt sich erkennen, dass Nick in *The Great Gatsby* noch am ehesten erzählerische Verlässlichkeit zugeschrieben werden kann. Er ist nicht mehr im adoleszenten Alter; sein *value-scheme* ist als in seiner Persönlichkeit integriert zu erachten. Dennoch ist dieses *value-scheme* nicht völlig unproblematisch. Man kann den Eindruck gewinnen, dass Nick im Roman ein gewisses Maß an Hochnäsigkeit an den Tag legt, das u.U. auf seinen begrenzten Erfahrungshorizont im Handlungsverlauf selbst zurückzuführen ist. Letztlich unterliegt Nick im Romanverlauf einer Entwicklung, die seinen Er-

---
[22] Rimmon-Kenan, Shlomith. *Narrative Fiction. Contemporary Poetics.* Routledge, London, 1983, 100.
[23] Rimmon-Kenan, *Narrative Fiction. Contemporary Poetics*, 100.

kenntnishorizont erheblich erweitert. Es ist im Roman allerdings nicht immer klar abzugrenzen, ob Nick, der retrospektiv erzählt, aus der Perspektive des gereiften Erzählers oder der des in die Handlung verwobenen Beobachters spricht. Dieser Sachverhalt ist hinsichtlich der erzählerischen Verlässlichkeit von Nick als kritisch zu erachten.

Dies führt zum Punkt der persönlichen Involvierung des Erzählers: Nick ist als hoch involviert anzusehen. Trotz seiner distanzierten Haltung wird er im Roman in zunehmendem Maße ins Handlungsgefüge verwoben. Seine Entwicklung steht und fällt mit Gatsbys Scheitern. Insofern spricht Nick aus seiner persönlichen Geschichte heraus, die - das liegt in ihrer Natur - subjektiv ist. Dennoch gibt die retrospektive Erzählweise Nicks, der reife Reflektionen innewohnen, Anlass eine kritische Distanz zu den Ereignissen von 1922 zu erkennen. Demnach lässt sich annehmen, dass die fiktive Wirklichkeit des Romans nicht in beträchtlichem Maße von Nicks Wahrnehmung dieser abweicht.

Holden, der Ich-Erzähler in *The Catcher in the Rye* , ist schon auf Grund seines jugendlichen Alters prädestiniert, als unverlässlicher Erzähler zu gelten. Alle drei Kriterien Rimmon-Kenans kommen für ihn in Frage: sein Erfahrungshorizont ist limitiert, er ist persönlich involviert, seinem *value-scheme* haftet jugendlicher Idealismus an. Allerdings ist ihm eine hoch sensible Beobachtungsgabe nicht abzusprechen, die es erheblich erschwert, seine Feststellungen und Kommentare als idealistisch geprägte Naivitäten abzutun. Möglicherweise entzieht sich der Erzähler Holden der letztgenannten Verlässlichkeits-Kategorie insofern, als dass seine Beobachtungen eine existentielle Dimension der Suche des Individuums nach Sinnhaftigkeit erschließen, die aus sich selbst heraus verlässlich ist.

Clay, der Ich-Erzähler in *Less Than Zero*, ist ebenfalls im adoleszenten Alter. Dies scheint zunächst einmal sein limitiertes Wissen zu bedingen. Selbstverständlich ist auch er persönlich in das Geschehen involviert. Ein *value-scheme* ist bei ihm allerdings nur restweise erkennbar. Diese Tatsache, sowie das Faktum, dass in der hochtechnologisierten, vollends mediatisierten Welt der 80er Jahre des 20. Jahrhunderts der Zugang zu praktisch jeder Information nicht nur möglich, sondern nahezu zwangsläufig gegeben ist, entzieht Clay geradezu den herkömmlichen Kategorien von erzählerischer Verlässlichkeit. Sein jugendliches Alter ist somit nur in begrenztem Maße als ein determinierender Faktor für Clays Erfahrungshorizont anzusehen.

Clay ist gleichzeitig beobachtendes Subjekt und beobachtetes Objekt, das mit der es umgebenden Gesellschaft in einer, wie Bolz mit Baudrillard formuliert, "Hyperrealität" [24] verschmolzen ist. Diese Hyperrealität entsteht an der Schnittstelle von Wirklichkeit, dem Sein, und der Simulation derer, dem Schein. Die mediale Reizüberflutung, der Clay ausgesetzt ist, ist dabei Agent des Scheins. Dieser durchdringt die Wirklichkeit und macht seine Identifikation schwierig.[25] So ist für Clay eine Abgrenzung von Schein und Sein nicht ohne weiteres möglich. Dies erschwert eine Kategorisierung des Erzählers Clay und wirft gleichzeitig das Problem der *reliability* eines Erzählers im Kommunikationszeitalter erneut auf.

---

[24] Bolz, Norbert. *Eine kurze Geschichte des Scheins*. Wilhelm Fink Verlag, München, 1991, 111.
Vgl. Baudrillard, Jean. *Simulacres et simulation*. Galilée, Paris, 1981.
[25] In Kapitel 6, das sich mit der Figur Clay in *Less Than Zero* befasst, wird auf diese Problematik ausführlicher eingegangen.

4. Der Beobachter Nick in *The Great Gatsby*

Francis Scott Fitzgeralds *The Great Gatsby* (1925) vereinigt verschiedene Themen in sich. Der Roman ist nicht nur Liebesgeschichte sowie Porträt der Extravaganzen einer *upper class*, die keinerlei Mesquinerie duldet; er ist auch, wie Lee schreibt, ein

> ...reworking and critique of the American Dream, a tale of doomed errantry, a peculiarly American comedy of manners, a sexual pathology of sorts, ...even a tacit Marxian onslaught on capitalism and the fetish of commodity...[26]

Eine zentrale Figur dieses als größtenteils szenisch zu bezeichnenden Romans ist Nick Carraway, der 30-jährige Ich-Erzähler, durch dessen persönliche Perspektive das Geschehen in der Retrospektive geschildert wird. Nick ist eine im Handlungsverlauf zunächst unauffällig erscheinende Nebenfigur, die die Geschehnisse relativ distanziert zu beobachten scheint.

Nichtsdestotrotz ergibt sich aus eben dieser Beobachterhaltung die besondere Relevanz der Figur: Zum einen konstituiert sich aus Nicks retrospektiver Schilderung die Handlung des Romans, zum zweiten durchläuft Nick einen maßgeblichen Entwicklungsprozess, der für das Verständnis des Romans besonders aufschlussreich ist. Die vermeintliche Nebenfigur Nick ist somit neben Gatsby die zentrale Figur des Romans.

Um sich der Figur des Beobachters Nick in *The Great Gatsby* nähern zu können, soll im Folgenden ein Abriss der Umwelt, des Milieus, in dem Nick sich befindet, gegeben werden. Erst in der Verortung Nicks können Relevanz und Dimension seiner Beobachtungen erfasst werden.

---

[26] Lee, A. Robert. "'A quality of distortion': Imagining *The Great Gatsby*", in: Lee, A. Robert (ed.). *Scott Fitzgerald: The Promises of Life*. Vision Press, New York, 1989, 37.

Es bleibt zunächst festzuhalten, dass Fitzgerald in *The Great Gatsby* ein konturiertes Bild der Nachkriegsgeneration der zwanziger Jahre zeichnet. Die aufstrebende Mittelklasse, die auf der Suche nach Amüsement erstmals mit der Traumwelt der Massenwerbung in Berührung kommt, wie auch die Allgegenwärtigkeit des Jazz, die des Tanzens, die des Alkoholkonsums, werden in *The Great Gatsby* beleuchtet. Moderne Frauen - *flappers* -, wildes Nachtleben, narzisstische Selbstdarstellung - dies sind Versatzstücke in *The Great Gatsby*, die dem Roman *couleur* geben und ihn somit mitdefinieren.

Das vermehrte Aufkommen der Werbung in den zwanziger Jahren ermunterte die amerikanische Gesellschaft, möglichst schnell zu finanziellem Reichtum zu gelangen und diesen ebenso schnell zu verkonsumieren.

Die Zeitungen waren voll von Bestechungsskandalen. Eine Figur wie Meyer Wolfshiem - "'the man who fixed the World´s Series back in 1919'" (*GG*, 71) [27] - ist kein Phantasieprodukt Fitzgeralds, sondern basiert auf einer authentischen Person der Zeit. Auch die Manipulation der "World´s Series" ist eine tatsächliche Begebenheit und wird der realen Person, nach deren Vorlage die Figur Wolfshiem modelliert ist, zugeschrieben.

Zahlreiche Politiker waren in Affären verwickelt. Illegales Schnapsbrennen - in Folge der *Prohibition Bill* von 1920 - brachte der Unterwelt riesige Gewinne ein und führte die traditionelle puritanische Bestrebung, öffentliche Moral über die Legislative durchzusetzen, *ad absurdum*. So verschwamm die Demarkationslinie zwischen Legalität und Illegalität, Moral und Unmoral: Wo ein Gesetz nicht von breiten Mehrheiten in der Bevölkerung getragen wird, finden Solidarisierungsmechanismen in Richtung ´Halbwelt´ statt. Dabei verschwimmen zwangsläufig ethische Kategorien.

---

[27] Im Folgenden werden die Titel der Primärtexte abgekürzt: ´GG´ steht für *The Great Gatsby*, ´CR´ für *The Catcher in the Rye*, und ´LZ´ für *Less Than Zero*.

Zu dieser Zeit gelangt Nick Carraway, der Ich-Erzähler des Romans, nach Long Island. Er kommt aus dem mittleren Westen, einem Raum der Stabilität und der tradierten Werte. "Midas and Morgan and Maecenas" faszinieren ihn (*GG*, 10), und so macht er sich auf nach New York.

Die *nouveaux riches*, auf die er dort stößt, haben die Gelegenheit, zu finanziellem Reichtum zu gelangen, bereits genutzt. So genießen Tom Buchanan, seine Frau Daisy Fay, sowie deren Bekannte Jordan Baker ihren Wohlstand auf der vornehmen Halbinsel *East Egg*. Nick selbst wohnt im weniger schönen *West Egg*, in einem Haus, das er als "eyesore" beschreibt (*GG*, 11). Dabei aber befindet er sich in der "consoling proximity of millionaires" (*GG*, 11), wie er lakonisch feststellt.

Das Verheißungsvolle des Ostens, implizit in der Gegenüberstellung zum mittleren Westen, erblickt Nick schon in der äußeren Erscheinung der Landschaft: "The late afternoon sky bloomed in the window for a moment like the blue honey of the Mediterranean ..." (*GG*, 36). Erwartungsvoll, ja hoffnungsvoll steht Nick der Welt gegenüber.

An dieser Stelle sei auf das autobiographische Element in der Figur Nick hingewiesen. So beschreibt Kazin in Fitzgeralds Persönlichkeit ein Charakteristikum, das eine Analogie zu Nicks Offenheit aufweist, gleichzeitig aber auch dessen Zwiespältigkeit:

> Es bestand eine unvermeidliche, beständige Spannung in Fitzgerald zwischen dem, was er wusste, und dem, wohin er sich getrieben fühlte; zwischen seiner Desillusionierung und seinem unwiderruflichen Respekt vor der Herrlichkeit der Welt, die er beschrieb.[28]

Nick ist nun frisch in Long Island, New York, angekommen. Nachdem er erste Bekanntschaften gemacht hat, reflektiert er auf die Verheißungen, die er in seiner Umwelt wahrnimmt. Wiederum demonstriert er dabei Offenheit, gepaart mit der Sehnsucht nach Erfahrung, eindrücklich:

---

[28] Kazin, *Der amerikanische Roman*, 275.

> Yet high over the city our line of yellow windows must have contributed their share of human secrecy to the casual watcher in the darkening streets, and I saw him too, looking up and wondering. I was within and without, simultaneously enchanted and repelled by the inexhaustible variety of life. (*GG*, 37)

Nick, der sich selbst als "a guide, a pathfinder, an original settler" (*GG*, 9) beschreibt, ist fasziniert von New York. Er schreibt der Stadt ein "racy, adventurous feel ... at night" zu (*GG*, 57). In seiner Faszination von der Stadt und deren Einwohnern phantasiert Nick gar erotische Begegnungen mit "romantic women", die er auf der Straße beobachtet (*GG*, 57).

Gleichzeitig gesteht er - in distanzierter Weise - auch eine Form von eigener Einsamkeit ein. Anlass dazu ist seine Beobachtung von "poor young clerks" auf der Straße (*GG*, 57). Diese Szene weist auf Nicks ausgeprägtes Empfindungsvermögen hin, welches dennoch distanziert bleibt. Mit seiner distanzierten Empathie geht ein hohes Maß an Reflektionsfähigkeit einher:

> At the enchanted metropolitan twilight I felt a haunting loneliness sometimes, and felt it in others - poor young clerks who loitered in front of windows waiting until it was time for a solitary restaurant dinner - young clerks in the dusk, wasting the most poignant moments of night and life. (*GG*, 57)

In Nicks distanzierter, doch, wie oben beschrieben, erwartungsvoller Haltung liegt ein Moment der Einsamkeit. Einsam tastet sich Nick in seine Umgebung vor, ohne seine Beobachterhaltung dabei aufzugeben.

Nicks reale, durch unerfüllte romantische Sehnsucht bedingte Einsamkeit kommt indes insbesondere in einer Aussage zum Vorschein, die er an späterer Stelle zum Wiedersehen von Gatsby und Daisy trifft:

> They had forgotten me, but Daisy glanced up and held out her hand; Gatsby didn't know me now at all. I looked once more at them and they looked back at me, remotely, possessed by intense life. (*GG*, 93)

In Nicks erster Begegnung mit der auf Gatsbys Partys anwesenden Gesellschaft - und mit dem Mysterium Gatsby, denn dieser tritt erst später in Erscheinung - kommt der Aspekt der in der eigenen Beobachtung liegenden Einsamkeit ans Licht. Auf dieser ersten von Gatsbys vielen Partys, an der Nick teilnimmt, stellt er fest:

> The lights grow brighter as the earth lurches away from the sun, and now the orchestra is playing yellow cocktail music, and the opera of voices pitches a key higher. Laughter is easier minute by minute, spilled with prodigality, tipped out at a cheerful word. The groups change more swiftly, swell with new arrivals, dissolve and form in the same breath; already there are wanderers, confident girls who weave here and there among the stouter and more stable, become for a sharp, joyous moment the centre of a group, and then, excited with triumph, glide on through the sea-change of faces and voices and colour under the constantly changing light. (*GG*, 42)

Die synästhetische Verschränkung von "yellow" mit "cocktail music" weist auf Nicks vielschichtige sinnliche Wahrnehmungsfähigkeit hin.

Bemerkenswert ist außerdem die dreimalige Verwendung des Wortes "change", in dem sich Wechsel und Veränderung andeuten.[29] Dabei ist Nick einerseits in seiner als statisch zu bezeichnenden Haltung verhaftet. Andererseits ist er auch - schon durch die Faktizität seiner Teilnahme an der Party - Teil dieser dynamischen Gesellschaft, in der die Gäste trabantenähnlich unaufhörlich um die Sonne des hedonistischen Universums kreisen. Gatsby steht dabei im Zentrum. Und auch Nick kann sich der Faszination der mysteriösen Figur Gatsby nicht entziehen, um deren Herkunft sich bereits etliche Gerüchte ranken.

Zunächst hört Nick von einer Bekannten von Myrtle Wilson, dass Gatsby "a nephew or cousin of Kaiser Wilhelm´s" sein soll, sowie dass sein Reichtum diesem Hause entstammen soll (*GG*, 35). Ein anderes Mal wird ihm erzählt, dass Gatsby bereits einen Menschen umgebracht haben, sowie dass er ein deutscher Spion während des Krieges gewesen sein soll (*GG*, 45). Spekulationen über die Herkunft Gatsbys sind reichlich vorhanden. Nick kann sich der Faszination, die diese Spekulationen ausüben, nicht entziehen. Zu einer weiteren dieser Spekulationen stellt

---
[29] An späterer Stelle greift Nick den Begriff "change" wieder auf: Das Wiedersehen von Gatsby und Daisy - und die damit antizipierte Zuspitzung der Ereignisse - ist Anlass für Nick, unter Klipspringers Pianoklängen zu konstatieren: "It was the hour of a profound human change ..." (*GG*, 92).

er lakonisch fest: "... [it] had the effect of stimulating my curiosity" (*GG*, 50).

Nicks Neugier ist verständlich, ist er doch in den Osten gekommen, um Erfahrungen zu machen und sich Wissen anzueignen. Das Mysteriöse in den Gerüchten um Gatsby fällt bei ihm daher auf fruchtbaren Boden.

Den Gerüchten um seine Person leistet Gatsby indes Vorschub, indem er gegenüber seiner Umwelt nichts Authentisches von sich preisgibt. Nick wird sich dessen erst später bewusst.

Ein kurzer Exkurs zur Undurchschaubarkeit der Figur Gatsby soll Aufschluss über die von ihr ausgehende Faszination geben. Whitley stellt in diesem Zusammenhang die Verbindung zur *Gothic novel* her. Die Figur Gatsby aufgreifend, schreibt er:

> ... Gatsby appears to be so amiable, so anxious to be liked and to have the appearance of ´an elegant young roughneck´ rather than the spectre-thin dark man with the piercing eyes .... He is not, like the Byronic hero, tortured by an overwhelming sense of sin and guilt, but like the central figures of the Gothic novel he is driven by a gigantic compulsion emanating from the past; like them he has a total (and doomed) commitment to the one he loves, like them he possesses a code of life which is clear-cut yet profound, and like them he is monumentally self-reliant.[30]

Hierin liegt der Reiz begründet, der von Gatsby ausgeht. Die Überdimensioniertheit seiner Partys geht Hand in Hand mit der Überdimensioniertheit seines idealistischen Traumes, Daisy zurückzugewinnen.

Gatsby hat, wie Way schreibt, die "capacity to mix the beautiful with the vulgar, the magical with the absurd".[31] Gatsby geht in seinem eigenen Mythos auf. Die sich um ihn rankenden Gerüchte bedingen sich dabei aus Gatsbys *self-invention* heraus und repräsentieren somit das Vulgäre, Absurde in ihm selbst. Nick ist dies durchaus bewusst: "Even Gatsby could happen" (*GG*, 67), erinnert sich Nick, wie Lee schreibt, "as if to

---

[30] Whitley, John S. *F. Scott Fitzgerald: The Great Gatsby*. Edward Arnold, London, 1976, 45.
[31] Way, Brian. *F. Scott Fitzgerald and the Art of Social Fiction*. Edward Arnold, London, 1980, 99.

undersore that in all his self-invention, Gatsby, still, is real, a fantasy self-actualized into reality." [32]

Mit Gatsbys Tod erlischt das Phänomen Gatsby für seine Party-Gäste augenblicklich, jedoch nicht für Nick. Der magische Reiz, den der Zauberer Gatsby über seine Party-Gäste ausübte, verkehrt sich gar ins Gegenteil, sodass letztendlich niemand von ihnen irgendein Interesse an Gatsbys Beerdigung hat, geschweige denn Empathie zeigt. Ein Telefonanruf wie der von Ewing Klipspringer, dem kurz nach Gatsbys Tod nichts anderes einfällt, als sich nach seinen Tennisschuhen zu erkundigen (*GG*, 160), unterstreicht dabei die Oberflächlichkeit, die Lächerlichkeit der Gatsby umgebenden *upper class*, die sich, eben noch fasziniert, bereits gelangweilt von ihm abgewendet hat.

Bei seinem Eintritt in die Gesellschaft von Long Island ist Nick noch in einer äußerlich statischen, passiven Haltung verhaftet. Dennoch ist er bei gesellschaftlichen Anlässen hochaufmerksam und ganz der Beobachter.

Dies zeigt sich in der anfänglichen Begegnung mit den Buchanans und Jordan Baker. Nick nimmt genau wahr, was um ihn herum passiert. Indem er sich als "trying to look pleasantly interested and a little deaf" (*GG*, 21) beschreibt, lässt er feinen Humor erkennen. Dass dieser Humor durchaus als Reaktion auf die unangenehme Atmosphäre im Hause Buchanan zu verstehen ist, zeigt sich an Nicks Versuch, sich beim Abendessen mit den Buchanans durch das Vermeiden von Augenkontakt jeder konfrontativen Begegnung zu entziehen, obwohl er sich durchaus bewusst ist, dass er sich jede der anwesenden Personen genauestens anschauen möchte (*GG*, 20-21). Das Vermeiden von Augenkontakt ist dabei wiederum als Reaktion auf die - physischen und psychischen - Manipulationsversuche seitens Tom und Daisy zu verstehen, denen sich Nick ausgesetzt sieht. Intuitiv möchte Nick sich derartigen Manipulationen, derartigen ´projektiven Identifikationen´, entziehen: So

---
[32] Lee, "´A quality of distortion´: Imagining *The Great Gatsby*", 53.

wird Nick, als der Name Gatsby in Gegenwart von Daisy fällt, von Tom Buchanan am Arm aus dem Zimmer geleitet, "as though he were moving a checker to another square" (*GG*, 16). Daisy versucht sich Nick mit "singing compulsion" zu nähern (*GG*, 14-15). Nachdem sie mithilfe einigen Wortgeklingels ihre *sophistication* zu beteuern versucht hat, muss Nick feststellen:

> The instant her voice broke off, ceasing to compel my attention, my belief, I felt the basic insincerity of what she had said. It made me uneasy, as though the whole evening had been a trick of some sort to exact a contributory emotion from me. (*GG*, 22)

Das Unbehagen, das Nick empfindet, ist nicht allein das Resultat der Unstimmigkeiten des Abends. Seinem Unbehagen wohnt eine tiefere Dimension inne, wie auch Way feststellt:

> By the end of his first dinner party at the Buchanans', Nick Carraway is already disillusioned with the American rich. He is forced unwillingly to observe the violent contrast between their opportunities - what is implied by the gracious surface of their existence - and the seamy under-side which is its reality.[33]

Die beginnende Desillusionierung Nicks leitet seinen Entwicklungsprozess ein. Nick entwickelt sich durch den Roman hindurch weg vom passiven hin zum emotional involvierten Beobachter. Seine Einsamkeit jedoch bleibt davon unberührt.

Ein erster Hinweis auf Nicks zunehmende Involvierung findet sich wenig später: Auf Myrtle Wilsons Party möchte Nick, leicht angetrunken, nach eigenem Bekunden immer wieder zum Park spazieren, doch jedes Mal, wenn er sich aufmacht, hält ihn etwas zurück. "I became entangled in some wild, strident argument which pulled me back, as if with ropes, into my chair" (*GG*, 37). Der Sessel, in den es Nick zurückzieht, symbolisiert noch die passive Beobachterhaltung, das Herausgenommensein aus dem aktiven Geschehen. Jedoch rückt er diesem Geschehen, und damit

---

[33] Way, *F. Scott Fitzgerald and the Art of Social Fiction*, 103.

der Desillusionierung, immer näher, ohne seine Beobachterhaltung dabei aufzugeben.

Auf der ersten Fahrt mit Gatsby, hinein nach New York, stellt Nick schon ein wenig ernüchtert fest, dass das Mysterium Gatsby nicht zu halten scheint, was es verspricht. Nick konstatiert:

> I had talked with him perhaps half a dozen times in the past month and found, to my disappointment, that he had little to say. So my first impression, that he was a person of some undefined consequence, had gradually faded and he had become simply the proprietor of an elaborate road-house next door. (*GG*, 63)

Hinter Nicks nüchterner Aussage verbirgt sich ein gehöriges Maß an Enttäuschung, auch wenn er diese in bewährt lakonischer Form nur beiläufig erwähnt. Hinter der Einsicht, dass Gatsby wenig zu sagen hat, steht sicherlich die von Nick gehegte Erwartung des Gegenteils dessen.

D.h. trotz Nicks Understatement lässt sich aus seiner Aussage der beginnende Prozess der Desillusionierung herauslesen. Damit beginnt die Entwicklung Nicks. Diese lehnt sich eng an den Demaskierungsprozess an, dem Gatsby unterliegt und den Nick anzuerkennen gezwungen ist.

Nicks Erkenntnisprozess steht somit in komplementärer, geradezu dyadischer, Beziehung zu Gatsbys Niedergang.

Analog dazu bekommt Nick in der ersten Hälfte des Romans über Gatsby von Meyer Wolfshiem zu hören: "'He´s an Oggsford man'" (*GG*, 70); in der zweiten Hälfte des Romans äußert Tom Buchanan in Nicks Anwesenheit gegenüber Jordan Baker: "'An Oxford man! ... Like hell he is! He wears a pink suit" (*GG*, 116). So hält der dubiose Meyer Wolfshiem Gatsbys Schein aufrecht, bereichert sich geradezu daran, und der dünkelhafte, ideologisch nicht weniger dubiose Tom Buchanan versucht Gatsby mit einem Schein-Argument - dem der Farbe seines Anzugs - zu demontieren.

Nick muss als Zeuge beider Aussagen diese zunächst einmal zur Kenntnis nehmen. Vor dem Hintergrund von Gatsbys Scheitern gewinnen die Aussagen an Bedeutung, indem sie winzige Versatzstücke in

Nicks Erkenntnisprozess darstellen, die dieser integrieren muss. Nick erkennt, dass Gatsby am eigenen Sein scheitert, indem er dieses auf dem Schein aufgerichtet hat. Denn Gatsby ist, wie Höss schreibt,

> ...in gewisser Weise unfähig, zwischen Fiktion und Wirklichkeit zu unterscheiden; er lebt seinen Traum von 'Gatsby, Long Island', und die erste 'Geschichte seines Lebens', die er Carraway erzählt, ist frei erfunden.[34]

Nick kann zunächst Schein und Sein in der Person Gatsby nicht unterscheiden. Dass er dies im Verlauf des Romans lernt, ist zentrales Merkmal des Romans und bestimmt, abgesehen vom ebenfalls zentralen Thema, der Korruption des *American Dream*, den Charakter des Romans.

The Great Gatsby ist also ein Entwicklungs- bzw. Bildungsroman, in dem allerdings eine Nebenfigur - Nick - in den Vordergrund rückt und sich einem Entwicklungsprozess unterzieht.

Solch eine Entwicklungsmöglichkeit hat beispielsweise Clay in *Less Than Zero* nicht. Die Beobachtungen, die Clay im Handlungsverlauf des Romans macht, verarbeitet er auf eine Weise, die es ihm unmöglich macht, zu relevanter Erkenntnis zu gelangen. Die Flut der Außenreize selbst verhindert dort jede tiefer gehende Reflektion. Stattdessen werden Reflektionsansätze im Keim erstickt; sie laufen ins Leere.

Auf Nicks Fahrt nach New York - wo wenig später Meyer Wolfshiem "Oggsford" erwähnt - beginnt Nick an Gatsbys *story* zu zweifeln. Deutlich wird dies an folgender Aussage Gatsbys und der darauf folgenden Reflektion Nicks:

> 'I'll tell you God's truth.' His [Gatsbys] right hand suddenly ordered divine retribution to stand by. 'I am the son of some wealthy people in the Middle West - all dead now. I was brought up in America but educated at Oxford, because all my ancestors have been educated there for many years. It is a family tradition.'

---

[34] Höss, Tilman. *F. Scott Fitzgerald. Die Philosophie des Jazz Age.* Verlag Peter Lang, Frankfurt am Main, 1994, 44.

He looked at me [Nick] sideways .... He hurried the phrase 'educated at Oxford', or swallowed it, or choked on it, as though it had bothered him before. And with this doubt, his whole statement fell to pieces, and I wondered if there wasn't something a little sinister about him, after all. (*GG*, 63-64)

Doch kurz darauf, nachdem Gatsby bereits eine Auszeichnungsmedaille aus seiner Tasche hervorgeholt hat und Nick nun ein Foto aus "Oxford days" zeigt, ist Nick geneigt, seine Zweifel an Gatsby zu revidieren. Nick geht sogar soweit, sich Gatsbys Vergangenheit in bunten Farben auszumalen:

Then it was all true. I saw the skins of tigers flaming in his palace on the Grand Canal; I saw him opening a chest of rubies to ease, with their crimson-lighted depths, the gnawings of his broken heart. (*GG*, 65-66)

An Nicks phantasievollen Imaginationen lässt sich sein Wunsch nach tatsächlicher Begebenheit von Gatsbys Geschichte ablesen.

Nick ist somit ein Stückweit bestrebt, seine Zweifel zu zerstreuen; schließlich ist er neugierig und auf der Suche nach Erfahrung an die Ostküste gekommen. Sein anfängliches Bestreben, Gatsbys Geschichte zu glauben, weist ihn dabei als Suchenden aus.

Die beginnende Desillusionierung Nicks wird in der folgenden Szene bereits motivisch vorweggenommen: Nick reflektiert während eben dieser Fahrt nach New York abschließend auf die auf ihn einwirkenden Versprechungen:

The city seen from the Queensboro Bridge is always the city seen for the first time, in its first wild promise of all the mystery and the beauty in the world. (*GG*, 67)

Doch die Verheißungen "mystery" und "beauty" werden scharf konterkariert, indem direkt auf Nicks Reflektion folgend ein Leichenwagen ihren Wagen passiert (*GG*, 67). Nick scheint sich davon nicht beeindrucken lassen zu wollen. Stattdessen unterstellt er der Trauergesellschaft reflexartig Freude am Anblick von Gatsbys auffälligem Wagen:

...I was glad that the sight of Gatsby's splendid car was included in their sombre holiday. (*GG*, 67)

Diese verzerrte Vorstellung ist ein Beleg für die Dominanz von Nicks Wunsch, "mystery" und "beauty" zu erleben. In dieser konkreten Situation blendet er dabei die Stimmungslage der Trauergesellschaft aus und projiziert sein eigenes Bedürfnis in sie hinein.

Nick ist fasziniert von Gatsby. So zieht es ihn am Ende der ersten Party zu Gatsby, nur um sich für sein langes Verbleiben zu entschuldigen (*GG*, 54). Damit ist ein Kontakt zwischen den beiden geschaffen, der den Weg in eine enge emotionale Bindung ebnet.

Nick findet in Gatsby sein *alter ego*. Das träumerhafte Moment ist bei Gatsby in starkem Maße, aber auch bei Nick deutlich vorhanden. Es ist dies das Element, das Nick mit Gatsby verbindet, doch prägt es sich in unterschiedlicher Qualität aus. Bei Nick ist es maßgeblich für seine Wissbegierde, sein Erfahrenwollen, sein Verlangen nach Exploration. Gatsby dagegen errichtet seine Identität auf seinem Traum. Nick kann sich daher entwickeln, Gatsby jedoch muss scheitern.

Nick erfährt sowohl Desillusionierung als auch Entwicklung durch seine Wahrnehmung des Scheiterns Gatsbys. Nick verdammt Gatsby nicht, doch dies ist gerade konstitutiver Teil seines Erkenntnisprozesses. Gatsby, der unfähig ist, sein Selbst auf Authentizität zu errichten, ist fest in seinem Narzissmus verhaftet: so erhält Gatsby narzisstische Zufuhr aus seiner Ausrichtung gigantomanischer Partys. Die Fallstricke, die sein narzisstisches Bedürfnis ihm dabei auslegt, übersieht Gatsby in seinem Materialismus: so muss er Nick gegenüber "educated at Oxford" nuscheln (*GG*, 64), nur um die Fassade, seine eigene Legende, aufrecht zu erhalten.

Gatsbys Materialismus, der sich ironischerweise aus seinem Idealismus speist - nämlich dem, Daisy wieder für sich gewinnen zu können -, stößt an die in der Realität gesetzten Grenzen. Auf Nicks zurückhaltenden

Einwand: "'You can't repeat the past'" entgegnet Gatsby ungläubig: "'Why of course you can!'" (*GG*, 106).

Gatsby wird eines Besseren belehrt. Nick muss das Scheitern von Gatsbys Illusion in einem Prozess der eigenen Desillusionierung erfahren. Weiter gefasst, ist dies das (Entwicklungs-)Ziel seiner Reise in den Osten.

Die Erkenntnis, dass Gatsby an seinem eigenen Schein scheitert, nimmt Nick auf seinem Weg zurück in den mittleren Westen mit.

Nick, der retrospektiv aus einer Distanz von fast zwei Jahren erzählt, versieht die Geschehnisse von 1922 aus eben dieser Perspektive mit Einschätzungen und Bewertungen. Dabei enthält er sich moralischer Urteile.

Nicks gelegentliche Kommentare haben durchaus einen selbstgefälligen Ton an sich. Dabei ist unklar, ob diese Kommentare seiner Haltung während des Geschehens von 1922 entspringen, oder aber seiner reiferen, reflektierteren Erzähler-Haltung.

Zu Beginn des Romans weist Nick darauf hin, dass er geneigt ist, sich jedweder Urteile zu enthalten: "... I'm inclined to reserve all judgements" (*GG*, 7). In Anlehnung an das Gebot seines Vaters, Toleranz zu üben, erklärt Nick, dass er dies immer so gehalten hat und auch weiterhin bestrebt ist, dies zu tun (*GG*, 7). Ein Hauch von Hochnäsigkeit umgibt diese Aussage. Nick postuliert für sich aber auch Grenzen der Toleranz; nur Gatsby selbst, so Nick, entzieht sich für ihn eindeutig eines Urteils (*GG*, 7-8). Nicks postulierte Haltung hat sicherlich etwas Unpersönliches, Kaltes, an sich. Gleichzeitig scheint Nick diese Haltung als persönliches Ethos verinnerlicht zu haben. Er bewahrt sich damit vor voreiligen Schlüssen; im Gegenteil erlaubt ihm erst diese Haltung, Gatsby mit der gebührenden Distanz zu betrachten und nicht das Beil über ihm zu fällen. Nach wie vor bewundert Nick Gatsby auf nüchterne Art: Die "series of successful gestures" (*GG*, 8), mit denen Gatsby sich selbst erschaffen hat und seinen Traum verfolgt, sieht Nick als respektabel an.

An anderer Stelle gewährt Nick Einblick in die Beurteilung seiner eigenen Person. Dabei tritt ein introvertierter Zug an Nick zutage.

Auf einer Autofahrt mit Jordan Baker argumentiert Nick mit dieser augenscheinlich über *careless driving*, implizit aber über Egoismus (*GG*, 59). Die Unbekümmertheit ihres Arguments wirkt auf Nick fremd und faszinierend zugleich. Jordans Schmeichelei veranlasst Nick, über ein Gefühl des Verliebtseins, das er gegenüber Jordan verspürt, nachzudenken. Bevor er sein Gefühl aber so recht zulässt, rationalisiert er sich dieses:

"But I am slow-thinking and full of interior rules that act as brakes on my desires ..." (*GG*, 59). Nick mag auf diese Weise sein emotionales Bedürfnis, seine Sehnsucht, mit seiner Beobachterhaltung kompensieren; gleichzeitig nimmt er sich damit jedoch (vor-)bewusst den Zugang zu emotionalem Erleben.

Kurz darauf konstatiert Nick nun: "I am one of the few honest people that I have ever known" (*GG*, 59). Solch eine Aussage ist vielleicht mangelnder Erfahrung, womöglich aber auch Hybris zuzuschreiben. Nick mag sicherlich einem gewissen Maß an Selbstüberschätzung unterliegen, was dann in einer derartigen Aussage zum Vorschein kommt. Dieser Anflug von Größenphantasie hat jedoch eine Schutzfunktion für ihn: Nick beansprucht intellektuelle Integrität als Selbstschutz. In der Folge vermag er sich auf keine nähere emotionale Beziehung zu Jordan einzulassen.

In Nicks verantwortungsvoller Übernahme der Organisationsaufgaben nach Gatsbys Tod erweist sich seine eigentliche Integrität. Nick ist gewissermaßen zur Verantwortung gezwungen; doch mehr als das nimmt er ein Stück von Gatsbys Identität, seinem eigenen *alter ego*, an.

In seiner Übernahme der Verantwortung begibt sich Nick wiederum in eine einsame Position. So muss er erkennen, dass niemand Interesse an Gatsby hat, nachdem dieser tot ist. Nick stellt gedanklich die Opposition von *midwest* und *east* her, indem er den Osten mit der *distorted vision* in Verbindung bringt: "After Gatsby´s death the East was haunted for me like that, distorted beyond my eyes´ power of correction" (*GG*, 167).

Bemerkenswert ist dabei auch, dass die deutlich werdende Dichotomie von Osten und Westen bereits in der Gegenüberstellung von *East Egg* und *West Egg* angelegt ist. Diese beiden Orte, beide Teil des *Long Island Sound*, bilden somit, wie Huonder schreibt, einen "microcosm":

> Carraway recognizes in Daisy´s rejection of Gatsby a symbolic victory of materialism and experience over idealism and innocence. Thus Carraway, who is the only Westerner in the novel to have remained impervious to the false values of the East, finds Eastern society stifling.[35]

Im Anschluss an das Ost-West-Motiv wird das Motiv des Schauens, der *vision*, wiederaufgenommen: Nick, "brooding on the old, unknown world" (*GG*, 171), reflektiert auf die ersten Besiedlungen des Landes.

Er erkennt dabei die Parallelen, die in Gatsbys Streben und dem der frühen Siedler lagen und stellt damit die Verbindung zum *American Dream* her.

Die Korruption des *American Dream* gleicht dem Scheitern von Gatsbys Traum. Nach Freese ist dieser Traum für Nick "als zur Vergangenheit gehörig" zu bezeichnen.[36] Er belegt dies an folgender Stelle:

> ... the last and greatest of all human dreams; for a transitory enchanted moment man must have held his breath in the presence of this continent, compelled into an aesthetic contemplation he neither understood nor desired, face to face for the last time in history with something commensurate to his capacity for wonder. (*GG*, 171)[37]

Indem Nick schauend, beobachtend, die Welt erfahren hat, befreit er sich somit von der Fehlwahrnehmung dieser Welt, einer *distorted vision*, die vom *billboard* des Dr. T.J. Eckleburg, der über ein leeres

---

[35] Huonder, Eugen. *The Functional Significance of Setting in the Novels of Francis Scott Fitzgerald*. Lang, Bern, Frankfurt am Main, 1974, 75.

[36] Freese, Peter. *Die Initiationsreise. Studien zum jugendlichen Helden im modernen amerikanischen Roman*. Stauffenburg Verlag, Tübingen, 1998, 255.

[37] Zit. n. Freese, *Die Initiationsreise*, 255.

wasteland starrt und, wie Stern schreibt, ein "sign of the dead vision of the American Dream" [38] ist, dargestellt wird.

Es bleibt offen, inwiefern Nick den vollzogenen Entwicklungsprozess umsetzt. Nick hat Erfahrungen gemacht, die sich entscheidend auf seine Sicht der Dinge ausgewirkt haben. Er hat Gatsby in dessen Bemühen, wie Freese schreibt, "to make his idealistic dreams come true by materialistic means",[39] scheitern sehen und zieht sich nun desillusioniert in den mittleren Westen zurück. Somit begibt Nick sich wieder in den ihm Sicherheit gebenden Raum, der Thoreau´sche Integrität verkörpert und für Nick althergebrachte Werte wie Tugend und Moral repräsentiert. Er wendet sich ab von einer Umgebung, in der Menschen wie Tom und Daisy "things and creatures" zerstören, in Nicks Diktion: zerschmettern (*GG*, 170). Gleichzeitig entzieht sich Nick gewissermaßen der Herausforderung des Ostens, der ihm seinen Reflektions- und Entwicklungsprozess ermöglichte. Und er entzieht sich "mystery" und "beauty", Faszinosa, denen er *ad hoc* erlegen war. Die Zwiespältigkeit seines Entschlusses, zurück in den mittleren Westen zu gehen, ist offensichtlich. Dennoch führt Nick in seiner abschließenden Reflektion *wasteland* und "fresh, green breast of the new world" einer Synthese zu: Gatsbys "capacity for wonder" (*GG*, 171).

Nick lässt Gatsby, sein *alter ego*, seinen Schatten, zurück, wohlwissend, dass dieser ihn sein Leben lang begleiten wird. Zurücklassen kann er ihn. Ausblenden können wird er ihn nicht.

Trotz Nicks Entwicklungsprozesses, oder, im Lukács´schen Sinn: gerade in diesem Entwicklungsprozess ergibt sich für Nick folgerichtig eben keine Überwindung seiner Verlorenheit, seiner Heimatlosigkeit.

Nicks zwangsläufige Desillusionierung ist geradezu als konstitutives Merkmal seiner Heimatlosigkeit zu verstehen. Nick muss in seiner Ent-

---

[38] Stern, Milton R. *The Golden Moment. The Novels of F. Scott Fitzgerald*. University of Illinois Press, Urbana, 1970, 216.

[39] Freese, Peter. ´America´. *Dream or Nightmare? Reflections on a Composite Image*. 2nd, revised and enlarged edition. Verlag Die Blaue Eule, Essen, 1991, 170.

wicklung ein Suchender sein. Schließlich ist "die größte aller Illusionen..., zu glauben, daß die Desillusionierung als intellektueller Prozeß das menschliche Dilemma lösen könne" (R. Gilder).[40]

---

[40] Zit. n.: *Hauptwerke der amerikanischen Literatur.* Zs.gestellt v. Henning Thies. Kindler, München, 1955, 433.

5. Der Beobachter Holden in *The Catcher in the Rye*

Die Zeit nach dem zweiten Weltkrieg in den USA ist als Zeit des gesellschaftlichen Stillstandes zu bezeichnen. Die Ära Truman steuerte direkt auf die *tranquil Eisenhower years* zu, die mit ihrem manichäischen Weltbild ein besonders anti-intellektuelles Gepräge aufzuweisen hatten. Nicht zuletzt als Folge dieses Nachkriegs-Klimas ist die Epoche durch das beginnende Aufbegehren der jungen Generation gekennzeichnet. Dieses Aufbegehren, quantitativ durch den *babyboom* der Nachkriegsjahre gestützt, sollte bis in die 60er Jahre hineinreichen und - begleitet von *beat poets* wie Allen Ginsberg und Jack Kerouac - in die Protestbewegung gegen den Vietnamkrieg münden.

Die in erster Linie technologischen Modernisierungsimpulse, die in den 20er Jahren ihren Ausgang hatten, jedoch der *Great Depression* erlagen waren, wurden vom Bürgertum in den 50er Jahren wieder aufgenommen. So war der neue materielle Wohlstand gekennzeichnet durch das Eigenheim, das Auto, das Fernsehen, sowie allerlei *home appliances*, die dem Bedürfnis der amerikanischen Gesellschaft nach Bequemlichkeit Rechnung trugen. Damit einher ging ideologisch ein Konservativismus, der progressiven gesellschaftsreformerischen Strömungen unzugänglich war und im *blacklisting* des von Senator Joseph McCarthy initiierten *House Un-American Activities Committee* seinen bizarren Höhepunkt fand.

Einhergend mit der Blütezeit der Konsumgesellschaft ist die Entfremdung von eben dieser ein zentrales Thema in Jerome David Salingers *The Catcher in the Rye* (1951). Der Ich-Erzähler Holden Caulfield findet sich hier in einer als höchst konsumfreudig, doch gleichzeitig als ebenso entfremdet zu bezeichnenden Gesellschaft wieder. Zu dieser Erwachsenen-Welt findet Holden keinen Zugang. Sie erscheint ihm *phony*, bigott und heuchlerisch. Seine Urteile über die meisten im Roman auftretenden Personen fallen dementsprechend aus. Dass Holden dabei ein nicht unbeträchtliches Maß an ´naivem´ Denken an den Tag legt, sei dabei zugestanden. Schließlich befindet er sich auf seiner Initiationsreise.[41] Auch seine *reliability* ist als fragwürdig zu erachten, wie in dieser Arbeit bereits angeführt. Dennoch zeichnet Holden kein unrealistisches Bild von der ihn umgebenden Gesellschaft. Seine Umwelt stellt sich ihm als verlogen und pharisäerhaft dar. Mit dieser Welterfahrung gibt sich Holden nicht zufrieden. Doch fehlt ihm die visionäre Kraft der in seiner Nachfolge stehenden Gegenbewegungen der 60er Jahre. Gegenentwürfe stellt Holden nur bedingt auf, fehlt ihm doch aufgrund seines jugendlichen Alters die Erfahrung der Zusammenhänge. Stattdessen findet er sich zum Ende der Romanhandlung in einer psychiatrischen Klinik wieder - aus der heraus er retrospektiv erzählt. Holden vermittelt dabei den Eindruck, dass es dem "psychoanalyst guy" (*CR*, 192) wohl in erster Linie darum geht, ihn wieder systemkonform auszurichten.

In Holdens *story* aktualisiert sich damit ein Topos, der lange Tradition in der amerikanischen Literatur besitzt und schon bei Whitman, sowie auch bei den *beat poets* der 60er Jahre, wieder auftaucht: die Kompromittierung der Freiheit des Individuums durch die Gesellschaft und deren Normen, respektive das Spannungsfeld zwischen Individualismus und Konformismus.

Holden betrachtet, teils altklug, teils schmallippig-sarkastisch, seine Umwelt und wendet sich angewidert von ihr ab, um dann später der Realität, nämlich der, dass auch er selbst ein Mitglied der Gesellschaft sein muss, ins Auge zu sehen.

Holden ist nicht nur ein jugendlicher Außenseiter von nahezu archetypischer Qualität; er enthüllt in seinen Beobachtungen die Mechanismen

---

[41] Eine ausführliche Studie zum Topos Initiationsreise, insbesondere anhand von *The Catcher in the Rye*, hat Freese 1969 vorgelegt: Freese, Peter. *Die Initiationsreise. Studien zum jugendlichen Helden im modernen amerikanischen Roman*. Stauffenburg Verlag, Tübingen, 1998, hier: 205 ff.

einer post-industriellen Kultur, die den wachsenden Einfluss der Massenmedien mit ihrer eigenen Entfremdung bezahlt.

Der Leser von *The Catcher in the Rye* erfährt die Handlung durch Holdens Sichtweise. Alle Charaktere, alle Geschehnisse passieren Holdens Wahrnehmung. Holden kommentiert, flucht, spricht den Leser gar direkt an. Der Leser nimmt an seinen Beobachtungen teil. Holden bleibt dabei zentrale Figur, Protagonist des Romans.

Obwohl Holden dem Leser nur einige Tage seines Lebens schildern möchte, zeichnet sich, aus seinen Abschweifungen heraus, ein deutliches Bild seiner Person und seiner eigenen Geschichte.

Flapsig eröffnet Holden seine Geschichte mit dem Hinweis, dass er nicht vorhabe, biographische Angaben zu machen - "that David Copperfield kind of crap" (*CR*, 1). Schon in dieser anfänglichen Aussage tritt Holdens Misstrauen zu Tage; ein berechtigtes Misstrauen, wenn man bedenkt, dass der Adressat seiner Notizen - der Leser - Teil der Gesellschaft ist, die Holden erfahren, beobachtet hat. Er muss die beobachtete *phoniness* dem Leser unterstellen, um sich abzugrenzen.

Im Verlauf von Holdens Schilderungen der Vorweihnachtstage, die er weitgehend auf den Straßen New Yorks verbringt, gibt er immer wieder Einblick in die Einschätzung seiner selbst. Einblick in Holdens Welterfahrung erhält der Leser aber erst über die In-Bezug-Setzung seiner Selbsteinschätzung zu seinen Beobachtungen der ihn umgebenden Umwelt.

So betont Holden eingangs, dass er ein Lügner sei: "I´m the most terrific liar you ever saw in your life" (*CR*, 14). Kurz zuvor hat er jedoch seine Wahrhaftigkeit unter Beweis gestellt: Im Gespräch mit Mr. Spencer, dem alten, kränklichen Rektor von Pencey - der Schule, die Holden aufgrund mangelnder Leistung verlassen muss - wird Holdens Beobachtungs- und Reflektionsfähigkeit deutlich. Zunächst beschreibt Holden, halb amüsiert, halb abgestoßen, Spencers äußeres Erscheinungsbild. Spencer empfängt Holden im Morgenrock. Nach eigenem Bekunden deprimiert

Holden die "sad, ratty old bathrobe that he [Spencer] was probably born in ..." (*CR*, 6). In Holdens weiterer Beschreibung liegen Tragik und Komik dicht beieinander:

I don´t much like to see old guys in their pajamas and bathrobes anyway. Their bumpy old chests are always showing. And their legs. Old guys´ legs, at beaches and places, always look so white and unhairy. (*CR*, 6-7)

Der weitere Verlauf der Begegnung trägt komische Züge. Holden beobachtet den alten Mr. Spencer, beschreibt ihn, übertreibt geistreich, aber entfernt sich nicht wirklich von der Realität. Nach Spencers "nodding routine" (*CR*, 7) spitzt sich der Dialog zwischen den beiden zu.

Auf den altväterlichen Rat Spencers: "'Life *is* a game, boy. Life *is* a game that one plays according to the rules'", antwortet Holden: "'Yes, sir. I know it is. I know it'" (*CR*, 7; Hervorhebungen im Original). Augenblicklich reflektiert Holden pointiert auf die Tragik der Verlierer in Spencers ideologischem Entwurf:

Game, my ass. Some game. If you get on the side where all the hot-shots are, then it´s a game, all right - I´ll admit that. But if you get on the *other* side, where there aren´t any hot-shots, then what´s a game about it? Nothing. No game. (*CR*, 7-8; Hervorhebung im Original)

In Holdens nüchterner Reflektion liegt ein Moment sozialrealistischen Bewusstseins, das sich einerseits aus Holdens eigener Deprivation[42],

---

[42] Als Holdens persönliche Deprivation ist nicht zuletzt das offensichtlich gestörte Verhältnis zu seinen Eltern anzusehen. Immerhin ist die Scheu vor dem Heimgehen konstitutives Merkmal des Handlungsverlaufs und Holdens Hauptmotivation, mehrere Tage auf den Straßen von New York City zu verbringen. Holden ist durch große Teile des Romans hindurch als Figur zu bezeichnen, der Passivität und Reaktivität innewohnen. Er beschreibt Phänomene und kommentiert diese. In seiner Haltung grenzt Holden sich sowohl von Erwachsenen resp. Elternfiguren als auch von Gleichaltrigen ab. Dies mag sich zirkulär mit seiner Reflektionsfähigkeit bedingen. Die Grübelhaftigkeit darin lässt sich jedoch als Symptom der Hemmung verstehen: denn in seiner statischen Passivität nimmt Holden sich die Chance zu einer kritisch-konstruktiven Teilhabe an seiner Umwelt.Vor einem ich-psychologisch-(neo-)psychoanalytischen Hintergrund gesehen, lässt sich annehmen, dass Holdens mitunter rationalisierende Wahrnehmung, auf die später noch eingegangen wird, auf einer Reaktionsbildung des Ich beruht, mit der er intrapsychische Spannungen bindet. Vgl. Freud, Anna. *Das Ich und die Abwehrmechanismen*. Fischer, Frankfurt am Main, 1996. Zur Desmologie: Schultz-Hencke, Harald. *Der gehemmte Mensch*. Thieme, Stuttgart, 1973.

andererseits aus dem soziokulturellen Phänomen der sozialen Deprivation gesellschaftlich Benachteiligter im Konsumkapitalismus speist. So darf ein Athlet wie Ward Stradlater sich schon einmal das Auto von Ed Banky, dem Basketball Coach an Pencey, ausleihen, obwohl es ausdrücklich verboten ist, dass Pencey- Schüler mit "faculty guys´ cars" fahren (CR, 37). Holden muss somit feststellen, dass er selbst, von leptosomem Körperbau und asthenischer Natur, gegenüber den "athletic bastards" (CR, 37), wie er sie nennt, im Nachteil ist. Doch ist Holdens persönliche Motivation nicht hinreichend, seine obige Aussage zu erfassen. Ernsthafter Neid scheint Holdens Motiv nicht zu sein. Denn Stradlater zählt für Holden nicht zu den *phonies*. Wie im Handlungsverlauf zu erkennen ist, schlägt Holdens Herz für eine Ethik der Verantwortung, in der sich Privilegien verbieten.

Holden kritisiert also Spencers Haltung der Hinnahme des Status quo. Dabei ist zu unterstellen, dass sich Spencer der Ungerechtigkeiten des Systems, für das er steht, schon bewusst ist. Spencer scheint mit diesem Gedanken jedoch seinen persönlichen Frieden geschlossen zu haben. Dass er eine an Sachzwängen orientierte, rationalistische Haltung einnimmt, ist salient. Dies kann Holden nicht akzeptieren. Dennoch bezeichnet er Spencer als "nice", dem Ausdruck, der im Roman kontrapunktisch zum häufig verwendeten "phony" steht (CR, 7).

Holden weiß den Leser geschickt für sich zu gewinnen. Vermittelt er zunächst Berührung und Belustigung hinsichtlich der äußeren Erscheinung Spencers, so kontrastiert er doch Spencers selbstgerechte Haltung mit seiner eigenen, desillusionierten Reflektion ebenso deutlich.

(Anm.: Alle in dieser Arbeit dargelegten, auf eine der Romanfiguren bezogenen tiefenpsychologischen Aussagen werden - soweit nicht anders gekennzeichnet - vor einem endopoetisch-tiefenpsychologischen Hintergrund getroffen. Mit ´endopoetisch´, im Gegensatz zu ´exopoetisch´, ist im literaturpsychologischen Zusammenhang das Verbleiben in den Grenzen des Werkes ohne Hinzuziehung biographischen Materials des Autors gemeint. Das von Eissler in Anlehnung an Collins eingeführte Begriffspaar ist analog zu dem von Wellek und Warren verwendeten Begriffspaar ´intrinsich´ und ´extrinsisch´ zu verstehen (Vgl. Schönau, Walter. *Einführung in die psychoanalytische Literaturwissenschaft*. Stuttgart, 1991, 93 ff.; Wellek, Rene und Austin Warren. *Theory of Literature*. New York, 1942.).)

Stellt man Holdens Aussage, ein Lügner zu sein, seiner im Gespräch mit Spencer zu Tage kommenden Aufrichtigkeit gegenüber, kann man zu dem Schluss gelangen, dass Holden mit seiner Selbstbezichtigung, ein Lügner zu sein, kokettiert. Andererseits - Holden stellt diese Selbstbezichtigung, gepaart mit Aussagen wie "I´m crazy" immer wieder auf [43] - sind diese Selbstbezichtigungen auch als Ausdruck von Unsicherheit anzusehen. Dabei kompensiert er seine eigene Unsicherheit sowie seine hohe Sensibilität mit Distanz zu sich selbst.

Holden zeigt im Verlauf des Gesprächs mit Spencer durchaus Verständnis für dessen freundliche, gutgemeinte Hinweise. Es fehlt Holden auch nicht an Einsicht. Er stellt dagegen in kurzer Folge zweimal hintereinander fest: "We were too much on opposite sides of the pole" (*CR*, 13). Die lapidar klingende Aussage zeugt durchaus von Reflektion, indem sie auf eine grundlegende Andersartigkeit der Gesprächspartner verweist, sei diese nun konstitutionell, soziologisch oder biographisch bedingt. Holden führt den Gedanken nicht weiter aus: In Anbetracht des jugendlichen Alters des Protagonisten - dies ist dabei nicht apologetisch zu verstehen - kann eine derartige Aussage durchaus etwas diffus ausfallen. Letztlich konstatiert er ganz unbefangen das Phänomen der Unterschiedlichkeit in der gegebenen Situation.

Die Wirklichkeitsschicht, an die Holden mit seiner Aussage stößt, hat eine nicht unbeträchtliche Dimension. Holden gibt Einblick in die Kommunikationsstörung, die zwischen Spencer und ihm besteht. Diese geht einerseits mit den unterschiedlichen Positionen einher, die jeder der beiden inne hat und die sich aus ihrem unterschiedlichen Alter, unterschiedlichen Erfahrungen und den unterschiedlichen gesellschaftlichen Positionen ergeben. So beklagt Holden im Romanverlauf die *phoniness*

---

[43] Ein Beispiel unter vielen ist Holdens Aussage "I swear to God I´m crazy", die er zu Beginn einer Begegnung mit seiner Bekannten Sally Hayes trifft. Holden wird - "all of a sudden" - von seinen Gefühlen überwältigt und glaubt, dass er Sally heiraten möchte, und das, obwohl er, wie er sagt, diese noch nicht einmal sonderlich mag (*CR*, 112). Auch in dieser Szene zeigt sich Holdens Unsicherheit. Er sucht Halt, den es für ihn nicht gibt. Holdens spontane Gefühlsäußerung gegenüber einer als ambivalent wahrgenommenen Frau weist darauf hin.

der Erwachsenenwelt und grenzt sich deutlich von dieser ab. Auch wenn er Spencer gerade nicht als *phony* bezeichnet, so ist dieser doch auch Teil der von Holden abgelehnten Welt, ein Rad des Erwachsenen-Systems, des anderen "pole". Gerade weil Holden Spencer nicht als *phony* bezeichnet, verweist er auf die tiefere Dimension, die seiner Fremdheit gegenüber der Umwelt innewohnt. Hier lässt sich erkennen, dass Holden nicht lediglich ein Adoleszenter ist, der sich an der Schwelle zum Erwachsensein befindet und sich aus diesem Initiationskonflikt heraus an der Erwachsenenwelt reibt. Sein Konflikt hat dagegen ontologische Qualität: die existentielle Erfahrung, der andere "pole" zu sein, definiert Holden als einsames, suchendes Subjekt. Holden ist sich dessen immerhin soweit bewusst, dass er eine Aussage wie die obige treffen kann.

Der Bestattungsunternehmer Ossenburger, Absolvent von Pencey und Betreiber von "undertaking parlors all over the country" (*CR*, 14), ist ein typisches Beispiel für die allgegenwärtige Verlogenheit, die Holden abstößt. Die Bigotterie, die Holden an Ossenburger wahrnimmt, ist dabei exemplarisch für Holdens weitere Beobachtungen.

Holden berichtet von Ossenburgers Besuch anlässlich des ersten *football*-Spiels des Jahres. Ossenburger fährt mit einem Cadillac, dem typischen Statussymbol der Zeit, vor, erzählt "corny jokes", und gibt vor zu Gott zu beten, sogar wenn er in seinem Wagen umherfährt (*CR*, 14). Die Trivialität, die Holden im Verhalten Ossenburgers ausmacht, ist offensichtlich. Holden malt sich aus, wie schäbig Ossenburgers Umgang mit den Toten aussehen muss: "He probably just shoves them in a sack and dumps them in the river" (*CR*, 14).

Dass Holdens Urteil übertrieben, persönlich gefärbt, spekulativ ist, liegt auf der Hand. Dass Holdens Vorstellung von einem Bestattungsunternehmer den respektvollen Umgang mit den Toten impliziert, ist aber bedeutsam insofern, als dass er damit seinen eigenen ethischen Vorstellungen Ausdruck verleiht. Diese zwar vage, doch von Aufrichtigkeit durchdrungene Ethik ist integrativer Bestandteil von Holdens Wertvorstellungen. Mögen diese idealistisch gefärbt sein, so haben sie doch ihre Berechtigung.

Mehr noch als das gibt Holdens Haltung Auskunft über seine hohe Sensibilität in der Wahrnehmung der Außenwelt. Dieser Sensibilität verdankt Holden letztlich seinen Zusammenbruch, der ihn in die psychiatrische Klinik führt, aus der er retrospektiv erzählt.

Das Aufeinanderprallen von Holdens Sensibilität und der Unaufrichtigkeit, der Unehrlichkeit im Verhalten seiner Umgebung konstituiert seine Isolation. Führt man sich diese Isolation vor Augen, so kann man den Konflikt, in dem Holden sich befindet, erkennen. Diesen Konflikt verdankt Holden letzlich seiner naiven Offenheit, der eine grundlegende Humanität innewohnt.

Holden demonstriert seine ursprüngliche Offenheit bei seiner Begegnung mit zwei Nonnen in der Grand Central Station (*CR*, 97 ff.). Er kommt mit ihnen ins Gespräch. In der Nähe, die Holden in kurzer Zeit zu den beiden entwickelt, lässt sich Feingefühl und soziale Kompetenz erkennen. So deprimiert es ihn, dass sein Frühstück erheblich reichhaltiger ausfällt als das der Nonnen (*CR*, 99). Er generalisiert dann diese Aussage zu: "I hate it if I´m eating bacon and eggs or something and somebody else is only eating toast and coffee" (*CR*, 99). Holden legt hierbei kein standeselitäres Bewusstsein - seine Oberschichtherkunft ist offensichtlich - an den Tag, d.h. er beansprucht keinerlei Privilegien für sich selbst, um sie anderen dabei vorzuenthalten. Es ist jedoch anzunehmen, dass er geneigt ist, angesichts der Begegnung mit den Nonnen, die sich ihm gerade nicht als *phony* darstellen, zu übertreiben. Dennoch liegt in Holdens Aussage ein Moment von Wahrhaftigkeit, die Holden der Beobachtung seiner selbst, sowie anderer, entnimmt.

Unabhängig von seiner impliziten Idealisierung des Altruismus der Gottesfrauen, erkennt Holden Aufrichtigkeit und Ehrlichkeit in den beiden. Das Feedback der Nonnen in Bezug auf Shakespeares *Romeo and Juliet* fasziniert Holden, steht es doch für ein authentisches weltliches

Interesse an geistigen Inhalten, das die säkulare Gesellschaft der Nachkriegszeit gegen kitschige Kinofilme und Tanzrevuen eingetauscht hat.[44]

Holdens Sensibilität wird ebenfalls in seinem Taktgefühl deutlich, dass er im Umgang mit den Nonnen an den Tag legt. In seiner Reflektion auf den Umgang der Nonnen mit Büchern, in denen "... sexy stuff ..., lovers and all" (*CR*, 99) vorkommt - er erwähnt dabei Thomas Hardys *The Return of the Native* -, kommt es für Holden nicht in Frage, die Nonnen darauf anzusprechen: "I didn´t say anything, though, naturally. All I said was English was my best subject" (*CR*, 99). Auch seine Großzügigkeit stellt Holden unter Beweis: Auf die Feststellung einer der beiden Nonnen, Pencey sei "a very good school", erklärt Holden, der gänzlich anderer Meinung ist, dem Leser: "I let it pass, though" (*CR*, 100).

Für Holden symbolisieren die Nonnen etwas Unverfälschtes. Sie stehen daher in Kontrast zur übrigen Gesellschaft. Seiner Einsamkeit entheben die Nonnen Holden jedoch nicht. Holden stellt den Nonnen gedanklich seine Tante sowie die Mutter seiner Bekannten Sally Hayes gegenüber (*CR*, 103). Holdens Tante, die beim Roten Kreuz hilft, ist dabei nach Holdens Einschätzung weniger am Wohlergehen anderer interessiert als an ihrem eigenen äußeren Erscheinungsbild. Zumindest, so konstatiert Holden, fällt es ihm schwer sich vorzustellen, wie sie in schwarzer Kleidung und ohne Lippenstift etwas tut, das als "charitable" zu bezeichnen ist. Ähnliches gilt für Sally Hayes´ "crazy mother" (*CR*, 103).

Holden versucht sich nach dieser gedanklichen Gegenüberstellung an einer Erklärung. Sally Hayes´ Mutter würde nach höchstens einer Stunde des Geldsammelns für Bedürftige gelangweilt aufgeben: "She´d ... go somewhere swanky for lunch" (*CR*, 103). Nicht so die Nonnen:

---

[44] So stellen das Hollywood-Kino sowie die Tanzrevuen im Vorprogramm für Holden den Inbegriff der Unehrlichkeit dar. Er konstatiert die Anziehungskraft, die das Kino ausübt: "It makes me so depressed I can´t stand it" stellt er dazu an anderer Stelle fest (*CR*, 67). Gelegentlich zieht es aber auch ihn in eine dieser *shows*, ohne dass Holden dabei von seiner Haltung abrückt (*CR*, 123 ff.). Das Konfliktpotential dieses Verhaltens ist offensichtlich; an späterer Stelle wird auf Holdens Verhältnis zu den Medien sowie deren Implikationen eingegangen.

That's what I liked about those nuns. You could tell, for one thing, that they never went anywhere swanky for lunch. It made me so damn sad when I thought about it, their never going anywhere swanky for lunch or anything. I knew it wasn't too important, but it made me sad anyway. (*CR*, 103)

Der sentimental anmutenden Aussage Holdens lässt sich auch mit der Desillusioniertheit Holdens nähern. Der resignierte Zug in seiner Aussage basiert eher auf dieser Desillusioniertheit denn auf jugendlicher Naivität.

Dafür spricht auch die Aussage, die Holden abschließend der Szene mit den Nonnen trifft. Zunächst versichert Holden in Bezug auf die Begegnung mit den Nonnen ehrlich: "... I'd enjoyed talking to them a lot ... I meant it, too" (*CR*, 101). Die zehn Dollar, die Holden den Nonnen für wohltätige Zwecke überlassen hat, erscheinen ihm dann als zu wenig. Darauf erklärt er: "Goddam money. It always ends up making you blue as hell" (*CR*, 102).

Die ubiquitäre Kommerzialität der Gesellschaft lehnt Holden ab. Seine Einschätzung der kommerziellen Film-Industrie, Hollywood, fällt dementsprechend aus: "If there's one thing I hate, it's the movies", lässt er den Leser schon auf der ersten Seite des Romans wissen. Holdens Bruder D.B. verdingt sich in Hollywood als *screenwriter*. Nicht der Person, sondern der Funktion gebührt dabei Holdens Verachtung. Hollywood steht für ihn für den verderblichen Einfluss, den die Apotheose des bewegten Bildes ausübt. Sein Urteil steht dabei weniger auf naiv-moralischen Füßen, sondern konstituiert sich aus der - aus Holdens Sicht - verzerrten Vision der Welt, die Hollywood erschafft und abbildet. Intuitiv scheint Holden zu spüren, dass gesellschaftlich ein "Zirkel von Manipulation und rückwirkendem Bedürfnis" [45] wirkt. Mit dieser Ideologiekritik nähert sich Holden dem Marx'schen Konzept des dialektischen Materialismus an.

Aber auch Holden ist Konsument und kann sich dem Medium Film nicht entziehen. Dies geht sogar soweit, dass er bekunden muss: "I started

---

[45] Adorno, Theodor W., Max Horkheimer. *Dialektik der Aufklärung*. Amsterdam, 1947, 145.

imitating one of those guys in the movies ... I hate the movies like poison, but I get a bang imitating them" (*CR*, 25). Hier wird Holdens Dilemma deutlich. Das Medium Film liefert Identifikationsmuster, die nicht in Kongruenz zur Wirklichkeit stehen. So flüchtet Holden immer wieder, wie Freese schreibt, in die "einfachere Scheinwelt des Fims".[46] So hat Holden Spaß an der Imitation von Filmfiguren, und doch wird dieses Imitieren seinem existentiellen Problem nicht gerecht. Es bleibt eine Imitation, ein Als ob.

Das gedruckte Wort dagegen repräsentiert für Holden Authentizität. Hardy, Maugham, Fitzgerald und Lardner weiß er zu schätzen; diese Autoren werden von ihm implizit als nicht *phony* hypostasiert (*CR*, 16; 127). So werden von Holden die unterschiedlichen Diskurssphären der Medien Film und Buch aufgezeigt: am Beginn des Medienzeitalters besteht die Gefahr der Erosion des Intellekts. So spürt Holden die Glut, die erst untergründig schwelt: die Ablösung des gedruckten Wortes durch das bewegte Bild mit all dessen Implikationen.

Postman stellt, auf die Fokussierung vom Wort auf das Bild von der Nachkriegszeit an bis in die 80er Jahre des 20. Jahrhunderts rekurrierend, fest:

...[das in Massenproduktion gefertigte Bild] veränderte die Form [der] Informationen selbst - vom Diskursiven zum Nicht-Diskursiven, von der Satzform zur Bildform, vom Intellektuellen zum Emotionalen. ... Wörter und Bilder gehören unterschiedlichen Diskurssphären an, denn ein Wort ist stets und vor allem eine Idee, sozusagen ein Produkt der Vorstellungskraft. ... das Bild [ist] unwiderlegbar. Es stellt keine Behauptung auf, es verweist nicht auf ein Gegenteil oder die Negation seiner selbst, es muß keinerlei Plausibilitätsregeln und keiner Logik genügen. ... In einem gewissen Sinne kann man daher Bilder und andere visuelle Darstellungen (mit einer Formulierung von Reginald Damerall) als "in kognitiver Hinsicht regressiv" bezeichnen, zumindest wenn man sie mit dem gedruckten Wort vergleicht.[47]

Die Auswirkungen dieses Sachverhalts sind beträchtlich. Dies bekommt z.B. Clay, der Ich-Erzähler in *Less Than Zero*, in besonderem Maße zu

---

[46] Freese, *Die Initiationsreise*, 241.
[47] Postman, Neil. *Das Verschwinden der Kindheit*. Übers. Reinhard Kaiser. Fischer, Frankfurt am Main, 1996, 87.

spüren: Die Flut von Informationen, die Clays Welt konstituiert, lässt ihm - im Gegensatz zu Holden - keinen klaren Platz zur Abgrenzung mehr offen. Widerstand gegen gesellschaftliche Normen geriert sich in *Less Than Zero* nur als Zerrbild seiner selbst.

In der Beobachtung der ihn umgebenden Gesellschaft hat Holden in *The Catcher in the Rye* eine isolierte Stellung inne. Jedoch wird in seiner - passiven - Opposition gegen Verlogenheit und Bigotterie deutlich, dass ihm persönlicher Isolationismus fern liegt. Er möchte die Welt nicht nur für sich selbst nicht so akzeptieren, wie sie sich ihm darstellt. Er sieht seinen Bruder D.B., ein vielversprechender Autor, korrupt werden, indem er nach Hollywood geht. Die Bedrohung einer den Menschen korrumpierenden Gesellschaft macht es Holden so schwer, sich zu arrangieren. In dieser Hinsicht trägt Holdens Menschenbild rousseauistische Züge. Holden möchte sich die allgegenwärtige *phoniness* gerade nicht zu eigen machen, weil sie ihm widernatürlich vorkommt. Daher konstatiert er eben diese dem Verhalten der Menschen, nicht ihrer Natur.[48] Holden befindet sich also in einer als entfremdet zu bezeichnenden Welt, von der er selbst widerum entfremdet ist. Dabei hat Holdens Entfremdung sicher auch, wie Finkelstein bemerkt, mit dem Generationenkonflikt zu tun:

> The roots [of the alienation among children that Salinger depicts] are in present-day society, and the alienation is between one entire generation and another. Here Salinger has hit upon a social truth.[49]

Doch geht Holdens stiller Protest über das übliche Maß des jugendlichen Aufbegehrens hinaus. Auf die Aufforderung seitens seiner zehnjährigen Schwester Phoebe, etwas zu nennen, das er mag, fällt Holden außer den zwei Nonnen nur James Castle ein, ein ehemaliger Mitschü-

---

[48] Freese sieht dies ähnlich: In Holdens Weltbild ist "*phoniness* ... keine Eigenschaft des menschlichen Wesens, sondern ein Zug des menschlichen Verhaltens, ... eine Zivilisationskrankheit." (Freese, *Die Initiationsreise*, 239)

[49] Finkelstein, Sidney. *Existentialism and Alienation in American Literature*. New York, 1965, 223.

ler, der Suizid beging (*CR*, 152 ff.). Ganz falsch liegt Phoebe mit ihrer Aussage: "'You don't like anything that's happening'" nicht (*CR*, 152). Holden versucht, Phoebe vor seiner eigenen Desillusioniertheit zu schützen, indem er verzweifelt nach Beispielen seiner eigenen Wertschätzung sucht. Recht finden will er keine. In dieser Negation der Welt liegt sein Dilemma verborgen. So kann er sich selbst schlussendlich nur als Fänger im Roggen imaginieren, der die Kinder, die beim Spiel - das symbolisch für ihre Unschuld steht - über das Kliff zu stürzen drohen, rechtzeitig auffängt (*CR*, 156). Es zeigt sich, dass Holden Nihilismus fern liegt. Er verfügt über ein *value-scheme*, doch auch dies negiert sich selbst angesichts Holdens einsamer Existenz: so bleiben die spielenden Kinder im Roggen eine Illusion, und Holden wird nicht als Fänger gebraucht. Es lässt sich sagen, dass Holdens Motiv, der Fänger im Roggen zu sein, einerseits auf einer Idealisierung der kindlichen Unschuld basiert. Ebenso wichtig erscheint jedoch der Fokus auf die Rolle des Fängers: in seinem visionären Wunsch muss Holden seine Rolle als Fänger als nicht-existent, als illusorisch empfinden. Vor dem Hintergrund seiner Vision weiß er durchaus um die Sinnlosigkeit seines Wunsches. So lässt sich mit Galloway festhalten: "Holden does not refuse to grow up so much as he agonizes over the state of being grown up."[50] Das existentielle Dilemma, in dem Holden sich befindet, sprengt die Dimension des Initiations-Topos, der nur einen Teil von Holdens Problem erfasst. So stellt Galloway fest: "... Holden, as a frustrated, disillusioned, anxious hero, stands for modern man rather than merely for the modern adolescent."[51]

Es ist Holden ein inneres Bedürfnis, die existentiellen Bedingungen des Seins zu verstehen. So beschäftigt ihn die Frage, wo die Enten im Central Park den Winter verbringen (*CR*, 11; 54; 74; 139). Mit seiner Frage danach erntet Holden Unverständnis und Abwehr. "'What're ya tryna do,

---

[50] Galloway, David. *The Absurd Hero in American Fiction*. 2nd rev. ed. University of Texas Press, Austin, 1981, 204.
[51] Galloway, *The Absurd Hero in American Fiction*, 204.

bud? ... Kid me?'" (*CR*, 54) ist nur eine der Reaktionen, die Holden zu hören bekommt. Für Holden hat die Frage nach den Enten hohen Stellenwert, weil sie die Frage nach seiner eigenen Existenz ist. Wie Freese feststellt, projiziert Holden seine eigene Lage auf die Enten.[52] Doch Holdens Frage bleibt unbeantwortet.

So bleibt Holden nicht viel anderes übrig, als eine Phantasie vom Leben irgendwo in einer Hütte im Westen zu entwickeln. Mithilfe von Gelegenheitsjobs könne er sich über Wasser halten. Doch vor alledem würde er sich taubstumm stellen wollen (*CR*, 178 ff.). Dies ist ein bedeutsames Moment in Holdens Entwicklung. So sagt er:

> I thought what I'd do was, I'd pretend I was one of those deaf-mutes. That way I wouldn't have to have any goddam stupid useless conversations with anybody. If anybody wanted to tell me something, they'd have to write it on a piece of paper and shove it over to me. They'd get bored as hell doing that after a while, and then I'd be through with having conversations for the rest of my life. Everybody'd think I was just a poor deaf-mute bastard and they'd leave me alone. (*CR*, 178-179)

Es drückt sich hier ein Wunsch nach Auslösung aus seinem Konflikt aus, den Holden für sich nur in der Überwindung der Kommunikation sieht: kann Holden keine Antworten bekommen, so möchte er selbst nichts mehr sagen, keine Fragen mehr stellen, keine Antworten geben müssen. Es zeigt sich hier ein regressiver Wunsch Holdens, der, vor einem pränatalpsychologischen Hintergrund gesehen, auf eine Rückkehr in den uterinen Lebensraum abzielt. Holdens Phantasie einer Präverbalität am Ort der Ursprünglichkeit, der 'Mutter' Natur, repräsentiert den Wunsch nach Geborgenheit bei gleichzeitiger Nährung durch die intrauterine Placenta. Somit enthält diese Phantasie eine anthropologische Dimension:

> Die mit der Geburt und der Ankunft in der postnatalen Welt vermittelte Urerfahrung der zwei Welten prägt den Umgang mit den verwirrenden Erlebnissen der biologischen Reifung und dem Unvertrautsein mit den verschiedenen Aspekten der Erwachsenenrolle vor. Darum sind Jugendliche immer in einen symbolischen Raum früherer Sicherheit zurückgekehrt, um alte Verknüpfungen aus der Identität des Kin-

---

[52] Freese, *Die Initiationsreise*, 229.

des zu lösen und sich auf den Welthorizont der Erwachsenen hin neu zu entwerfen.[53]

Die Hütte im Westen stellt bei Holden den Wunsch nach dem, wie Janus schreibt, "pränatal-symbolische[n] Raum der Wandlung" dar, in dem die adoleszente Individuation möglich wird.[54]

Die symptomatische Einsamkeit, die dabei in Holdens Phantasie liegt, korrespondiert mit der Einsamkeit, die ihn in seiner Welterfahrung begleitet: "I felt so lonesome. I wish I was dead ... I felt so damn lonesome" (*CR*, 42).

Doch Holdens Passivität erlaubt keine Umsetzung seines Wunsches; so bleibt der Wunsch fürs Erste eine Phantasie. Holden muss, wie Freese feststellt, "seinen Traum vom Fänger im Roggen als unmöglich erkennen, bevor er zum Fänger seiner Schwester Phoebe werden kann." [55] Aus seiner Einsamkeit wird ihn aber auch nicht die Einsicht befreien, die Holden am Schluss des Romans hat. Seine Schwester Phoebe fährt Karussell und möchte, wie die anderen Kinder auch, während der Fahrt nach einem am Karussell angebrachten goldenen Ring greifen. Holden lässt sie gewähren und stellt fest:

> The thing with kids is, if they want to grab for the gold ring, you have to let them do it, and not say anything. If they fall off, they fall off, but it´s bad if you say anything to them (*CR*, 190).

Holden sieht an dieser Stelle der Realität ins Gesicht. Ein Entwicklungsprozess deutet sich hier an.

Fraglich bleibt, ob Holden aus der psychiatrischen Klinik lediglich systemkonform hervorgeht, oder ob er seine Desillusioniertheit über die Welt der *phonies* gegen eine neue Desillusionierung, nämlich der der

---

[53] Janus, Ludwig. *Wie die Seele entsteht*. Deutscher Taschenbuch Verlag, München, 1993, 136.
[54] Janus, *Wie die Seele entsteht*, 136.
[55] Freese, *Die Initiationsreise*, 88.

Einsicht in die Gegebenheit der Verhältnisse und der damit verbundenen Unmöglichkeit, der Fänger im Roggen zu sein, eintauschen muss.

Möglicherweise wird er diese zweite Desillusioniertheit in einen aktiven, selbstbestimmten Gestaltungsprozess transformieren können. Holden selbst ist sich dessen nicht sicher: "I mean how do you know what you´re going to do till you *do* it?" (*CR*, 192; Hervorhebung im Original). So bleibt Holden ein Beobachter, ein Suchender - Individuation nicht ausgeschlossen.

6. Der Beobachter Clay in *Less Than Zero*

Schon mitte der 70er Jahre begann in den USA eine Zeit der Konsolidierung. Das Trauma Vietnam rückte in den Hintergrund und die amerikanische Bevölkerung wendete sich wieder in stärkerem Maße persönlichen Anliegen zu. Dieser Trend mündete in die Reagan-Ära der 80er Jahre ein. Das Schlagwort von der *Me Decade* - der Dekade des Egoismus - trägt dieser Entwicklung Rechnung. Mit Reagans Wahl zum Präsidenten der USA, so King, "the end of political liberalism and cultural experimentation seemed in sight".[56]

Der kritische Diskurs geriet aus dem Blickfeld einer breiteren Öffentlichkeit. Gesellschaftsreformerische Fragestellungen traten insofern in den Hintergrund, als dass sie illiberalen Tendenzen wichen, die Teil des, wie King es nennt, "conservative *Kulturkampf*"[57] der Zeit waren.

Einhergend mit dieser gesellschaftlichen Strömung beginnt das Zeitalter der Massenmedien zu voller Blüte zu gelangen. Dieses kann - wie schon in *Less Than Zero* zu erkennen ist - mit verfügbarer Information in einem noch nie gekannten Ausmaß aufwarten. Dabei dominiert das Fernsehen und die diesem verbundenen visuellen Medien: Videofilme, Videospiele, Musikvideoclips sind, und das nicht nur in der Jugend- oder Subkultur, enorm verbreitet, ja allgegenwärtig. Der Einfluss dieser Medien auf das Individuum, das in der Beziehung zu diesen zum Konsumenten wird, erweist sich als höchst problematisch. Der simulationsartige Charakter, der den visuellen Medien innewohnt, entrückt den Konsumenten des Mediums dabei ein Stückweit der Realität. Mit Zunahme der Bilderflut verstärkt sich dieser Prozess. So stellt Bolz fest: "Es gibt ... eine kriti-

---

[56] King, Richard. "The Eighties". In: Bradbury, Malcolm, Howard Temperley (eds.). *Introduction to American Studies*. 2nd edition. Longman, Harlow, 1989, 366.
[57] King,"The Eighties", 366.

sche Schwelle, jenseits derer ein Mehr an Information nicht mehr informativ sondern phantasmagorisch wirkt".[58]

Clay, der Ich-Erzähler in *Less Than Zero*, ist in starkem Maße ein Konsument jeglicher zur Verfügung stehender Medien.

Zahlreiche Hinweise im Roman weisen auf die bedeutende Rolle hin, die die audiovisuellen Medien für ihn und seine *peer group* spielen. Doch nicht nur, wenn Clay nächtens apathisch vor dem Fernseher sitzt, ist er ein einsamer Beobachter - und das ironischerweise in der Gesellschaft von Millionen weiterer einsamer Fernsehkonsumenten. Clays Welterfahrung ist die einer unverständlichen, ängstigenden Welt, in der Wahres und Falsches, Reales und Fiktives verschmelzen und kaum voneinander zu unterscheiden sind.

Als Clay von seiner Freundin Blair zu Beginn von *Less Than Zero* mit dem Auto vom Flughafen Los Angeles abgeholt wird, konfrontiert diese ihn zunächst mit einer Aussage, die bedeutsam ist für den Verlauf der Assoziations- und Gedankenkette, die Clay durch den Roman hindurch immer wieder aufnimmt. Die Aussage Blairs lautet: "People are afraid to merge on freeways in Los Angeles" (*LZ*, 9). Diese scheinbar nebensächliche Mitteilung über das Einfädeln der *Los Angelenos* in den dicht gedrängten fließenden Verkehr auf den Freeways gewinnt für Clay eine besondere Bedeutung. Er wiederholt diesen Satz sowohl wörtlich als auch in Variation, um sich gleichzeitig in profane Reflektionen über seine eigene Lage zu ergehen (*LZ*, 9). Gleichzeitig führt er damit den Leser in seine Gedankenwelt ein: "Though that sentence shouldn´t bother me, it stays in my mind for an uncomfortably long time" (*LZ*, 9). Hiermit wird im Text der Grundstein gelegt für die unbehagliche Grundstimmung, die den Roman durchzieht. Vor dem Hintergrund von Blairs Aussage reflektiert Clay auf Tatsachen wie sein Alter und auf die Unannehmlichkeiten des Fluges (*LZ*, 9). Interessanterweise tut er dies in der Negation,[59] wo-

---

[58] Bolz, *Eine kurze Geschichte des Scheins*, 104.
[59] Clays Gedanken lauten: "Nothing else seems to matter. Not the fact that I´m eighteen... Not the mud that had splattered the legs of my jeans... Not the stain on the arm of the

mit sein Negativismus sowie seine Heimatlosigkeit bereits angedeutet werden. "All this seems irrelevant next to that sentence" (*LZ*, 9). Am Ende des ersten Abschnitts und gleichzeitig am Ende von Clays erster Gedankenkette variiert er Blairs Aussage zu "... and people are afraid to merge"(*LZ*, 10). Unter Bezugnahme auf Freese weist Steur auf die Bedeutsamkeit dieser Variation hin:

> Losgelöst von seinem ursprünglichen Kommunikationsumstand kommentiert der Satz "People are afraid to merge" nicht länger das Verhalten der Autofahrer auf den "freeways" in Los Angeles, sondern er verweist auf die Gefährdung der Identität in der modernen Gesellschaft.[60]

Auch Freese stellt dazu fest, dass

> ... the conversational remark about people's behaviour in traffic turns into a general comment on the human situation ... and thereby assumes a more general significance.[61]

In der Aussage "Peole are afraid to merge" spiegelt sich gleichzeitig die Einsamkeit eines Ich-Erzählers wider, der durch den Roman hindurch nicht aus der Haltung des Beobachters hinausgelangt: Abgesehen vom andauernden, in Clays Umgebung durchaus als konventionell zu bezeichnenden Drogenkonsum wird Clay weder zum aktiven Täter der Grausamkeiten, die seine *peer group* sich und anderen zufügt, noch kann er am Ende des Romans seine Reflektionen in einen selbstbestimmten, konstruktiven Gestaltungsprozess transformieren.

Auf diese erste Einführung in Clays Gedankenwelt folgt nun sogleich ein wichtiges Motiv: Nachdem Blair Clay an seinem leeren Elternhaus abgesetzt hat, hält dieser sich in seinem Zimmer auf (*LZ* , 11). Das Motiv, das nun aufgegriffen wird, ist schon deshalb von Bedeutung, als es schon in

---

wrinkled, damp shirt I wear... Not the tear on the neck of my gray argyle vest... Not the warm winds, which seem to propel the car down the empty asphalt freeway..." (*LZ*, 9).

[60] Steur, Horst. *Der Schein und das Nichts. Bret Easton Ellis´ Roman Less Than Zero.* Verlag Die Blaue Eule, Essen, 1995, 55.

[61] Freese, Peter. "Bret Easton Ellis, *Less Than Zero*: Entropy in the ´MTV Novel´?" In: Nischik, Reingard M., Barbara Korte (eds.). *Modes of Narrative. Approaches to American, Canadian and British Fiction.* Königshausen & Neumann, Würzburg, 1990, 73.

Fitzgeralds *The Great Gatsby* auftaucht. Es ist dies das Motiv der ein Ödland überblickenden Augen auf einer Werbetafel; in *The Great Gatsby* sind es die Augen des Dr. T.J. Eckleburg, die Gatsbys *distorted vision* symbolisieren.

In *Less Than Zero* sind es die Augen von Rockstar Elvis Costello, der in Clays Zimmer von einem "promotional poster for an old ... record" mit einem "wry, ironic smile on his lips" an Clay vorbei aus dem Fenster hinausschaut (*LZ*, 11). In *The Great Gatsby* blickt Dr. T.J. Eckleburg über das "valley of ashes"; der Mechaniker Wilson sieht darin Gottes prüfenden Blick (*GG*, 152).

Ellis greift dieses Motiv auf und transferiert es in die 80er Jahre, in denen die - sich vorwiegend über die Medienwelt definierende - Populärkultur dominiert. Ein wichtiger Teil dieser Populärkultur ist die Rock- und Popmusik, die Clay und Seinesgleichen prägt.

In *Less Than Zero* schauen die Augen von Elvis Costello, "the word ´Trust´ hovering over his head," (*LZ*, 11) nicht nur an Clay vorbei, sondern durch das Fenster hinaus auf die Außenwelt. Diese Variation des Motivs reflektiert Clays Position, indem sie auf Clays Beobachterhaltung hinweist. Diese Beobachterhaltung beinhaltet sowohl Clays Wahrnehmung seiner selbst als auch die auf seine Umwelt gerichtete Wahrnehmung. Das Costello-Poster spiegelt somit Clays eigene Position wider. Monadenartig und wie hinter einer Glasscheibe ist Clay durch den Roman hindurch fortwährend mehr passives Objekt denn aktives Subjekt, ergeben dem, wie Steur bemerkt, "was die Figuren des Romans für Handeln halten".[62]

Das auf dem Poster abgedruckte Wort "Trust" kann im Kontext unterschiedlich verstanden werden: Als Aufforderung begriffen, dürfte "Trust" kaum das probate Mittel für den Protagonisten sein, dem im Roman beschriebenen hyperhedonistischen Konsumverhalten seiner Clique entgegenzutreten; als Zustandsbeschreibung sowohl der sozialen Interak-

---

[62] Steur, *Der Schein und das Nichts*, 31.

tionen als auch der ständig lauernden, geographisch bedingten Naturgefahren im Großraum Los Angeles verstanden, dürfte es wohl als zynischer Kommentar zu begreifen sein. Somit stellt der Schriftzug "Trust" letztendlich ein Fanal des Schreckens dar, das Ellis bezeichnenderweise an den Anfang des Romans gesetzt hat.

Ein Indiz für Clays Einsamkeit und Resignation lässt sich aus seiner Aussage ablesen: "They [Costellos Augen] only look at whoever´s standing by the window, but I´m too tired to get up and stand by the window" (*LZ*, 11). In der epiphorischen Aneinanderreihung gewinnt "the window" besondere Bedeutung. Das Fenster - implizit der Blick hindurch - verweist hier auf den Phänotyp des Beobachters. Gleichzeitig lässt sich Clays eigene Positionierung erkennen: obwohl er glaubt, durch einen Ortswechsel ans Fenster Blickkontakt mit Costello aufnehmen zu können, besitzt der Gedanke nicht genügend Aufforderungscharakter für Clay, ihn zu verwirklichen.

Clays Gedankenkette, die mit Blairs Aussage "People are afraid to merge on freeways in Los Angeles" angestoßen und mit den Augen Elvis Costellos auf dem Poster in Clays Zimmer fortgesetzt wird, leitet eine Reihe von Begegnungen mit Schriftzügen und Aussagen ein, deren Eindruck er sich nicht entziehen kann. Diese Begegnungen sind von Bedeutung für den Beobachter Clay und ersetzen gleichsam den *plot* in *Less Than Zero*.

Diverse Beobachtungen Clays, die im ersten Moment die Gestalt beiläufiger Feststellungen annehmen, gewinnen im Roman eine Eigendynamik, die Auswirkungen auf Clays weitere Wahrnehmungen und in Folge dessen auf sein Handeln hat. Permanent sieht Clay sich Reizen jeglicher Art ausgesetzt, deren filternde Verarbeitung er längst aufgegeben hat. So gewinnt man mitunter den Eindruck, dass Clays Erleben nahezu psychotischen Charakter hat - Möllers schreibt dieser Art von Erleben nosologisch geradezu katatonische Qualität zu.[63] Gleichzeitig erscheint

---

[63] Möllers, Hildegard. *A Paradise Populated with Lost Souls: Literarische Auseinandersetzungen mit Los Angeles*. Verlag Die Blaue Eule, Essen, 1999, 438.

diese Art der Reizverarbeitung als folgerichtiger Adaptationsmechanismus gegenüber einer Umwelt, die flüchtige Reize im Überfluss anbietet - und sonst nichts.

Am ersten Tag nach Clays Ankunft in Los Angeles trifft er seine Mutter zum Essen. Er stellt fest, dass "... she's drinking white whine and still has her sunglasses on and she keeps touching her hair and I keep looking at my hands, pretty sure that they're shaking" (*LZ*, 18). Diese scheinbar beiläufige Aneinanderreihung von Beobachtungen gewinnt erst vor dem Hintergrund des darauf folgenden Dialogs zwischen Clay und seiner Mutter ihre Bedeutung; die jedes Detail nivellierende parataktische Syntax weist auf den Charakter des Dialogs hin. Das Gespräch bleibt strikt an der Oberfläche; auch das von Clays Mutter geäußerte "You look unhappy" (*LZ*, 18) kann nicht über die Entfremdung beider Figuren voneinander hinwegtäuschen: Nach einem kurzen, mechanisch anmutenden Ausweichmanöver in Form eines lapidaren "I'm not" konstatiert Clay gegenüber seiner Mutter "You do too" (*LZ*, 18). Die Zusammenkunft ist gekennzeichnet durch vollständige Kommunikationslosigkeit. Sie entbehrt jeden Begegnungscharakters: ein potentieller Gedanken- und Erfahrungsaustausch ist Anathema.

Stattdessen verharrt Clay in seiner Beobachterhaltung, "hoping that she won't say anything else", während die Mutter seiner traurigen Hoffnung nachkommt, "until she's finished her third glass of wine and poured her fourth" (*LZ*, 18).

Eine ähnlich triste Begegnung findet kurze Zeit später zwischen Clay und seiner Freundin Blair statt. Nachdem die beiden den Abend weitgehend jeder für sich mit Bekannten verbracht haben, fährt Clay sie mit dem Auto zu ihrem Haus in Beverly Hills. Blair hält die *Cliff Notes* zu William Faulkners *As I Lay Dying* in den Händen(*LZ*, 22) - dies ist bezeichnenderweise der einzige Verweis auf ein literarisches Werk im gesamten Text.[64] Es findet nur marginale Konversation statt zwischen den

---

[64] Hinsichtlich der Erwähnung der Lektürehilfe zu diesem Faulkner-Roman stellt Young fest: "...the substitution of the ubiquitous study aid for the high cultural Faulkner text hits

beiden; nach einer belanglosen Bemerkung Blairs weist sie Clay darauf hin "... that even though I was gone for four months, I never called her [Blair] "(*LZ*, 22). Obwohl er nüchtern "I'm sorry" erwidert, scheint ihm das Thema unangenehm zu sein: "[I] turn off Hollywood Boulevard because it's too brightly lit and take Sunset"(*LZ*, 22). Der hell erleuchtete Hollywood Boulevard schüchtert Clay ein, symbolisiert die Helligkeit doch die Gefahr, zu Blairs Aussage Stellung beziehen zu müssen. Stattdessen zieht er sich wiederum zurück und fährt auf den Sunset Boulevard.

Eine ähnliche Reaktion Clays auf einen Kommunikationsversuch von Blair findet sich wenig später. Clay hat einen Teil der Nacht bei Blair verbracht. Kurz bevor er das Haus verlässt, fragt ihn Blair: "Will you call me before Christmas?", worauf Clay antwortet: "Maybe" (*LZ*, 58). Blair gibt ihrem Wunsch daraufhin Nachdruck und notiert ihm unnötigerweise ihre Telefonnummer. Clay versichert sie anzurufen. Auf seinem Weg zur Tür versucht Blair es noch einmal: "Clay?". Dieser hält inne, dreht sich aber nicht um. Blair entlässt ihn daraufhin: "Nothing" (*LZ*, 58).

Clay gibt sich in dieser Szene unbeeindruckt; dennoch vermittelt er ein Gefühl der Hilflosigkeit. Statt dass er das nötige Gespräch mit Blair sucht, hält er für einen Moment inne, um sich sofort darauf wieder in Bewegung zu setzen. Er flüchtet letztlich aus der Situation und somit der Konfrontation, indem er in Bewegung bleibt. Möllers stellt hierzu fest, dass "Clay und seine Clique in ständiger Bewegung sind, denn Stasis würde ja ein Innehalten, eine Konfrontation mit einem Selbst implizieren, das nicht da ist." [65]

Clay, der als Teil des radikalen konsumkapitalistischen Systems der Reagan-Ära seine eigene Entfremdung nicht durchschaut, bezahlt den

---

nicely at both the intellectual limitations of the characters and at a society which can subsume and represent anything, just as the choice of that particular title further defines Ellis's sub-text." (Young, Elizabeth. "Vacant Possession". In: Young, Elizabeth, Graham Caveney. *Shopping In Space. Essays on America's Blank Generation Fiction*. Grove Press, New York, 1994, 35.)

[65] Möllers, *A Paradise Populated with Lost Souls*, 444.

Eskapismus, den er und seine Clique leben, mit der Auflösung des Selbst. Diese Auflösung des Selbst ist das Resultat der im Roman dargestellten "Kultur des bewußtlosen Spektakels, in dem alle individuellen Erfahrungen und Sehnsüchte aufgegangen sind und sodann als Ware an den Konsumenten verkauft werden".[66]

Somit verliert sich Clay - trotz der im Roman allgegenwärtigen Ablenkungsversuche seiner selbst - in einem amorphen Angstgefühl, unfähig, sich selbstbestimmt daraus zu befreien. Dieses Angstgefühl gewinnt stattdessen Eigendynamik. Diese bahnt den Weg, hinein in eine ihn überflutende Vielfalt von Zeichen, die Clay durch den Roman hindurch wahrnimmt und die er miteinander gedanklich verknüpft.

Clays Beziehung zu Blair scheint von Beginn an inauthentisch zu sein. So beschreibt Clay im zweiten *memory*-Kapitel den ersten Urlaubsaufenthalt des Paares in Pajaro Dunes, einem Küstenort im Raum Monterey.

Nach einem romantischen Urlaubsbeginn setzt rasch Ernüchterung ein, und Clay beschreibt sich als "disoriented"(*LZ*, 60). Die allmählich an die Oberfläche durchgebrochene Fremdheit beider Partner zueinander - und damit implizit die Desillusionierung ihrer persönlichen romantischen Imaginationen - drückt Clay dabei metaphorisch aus. Konsum- und Sucht-Konnotationen werden evoziert: "Soon the champagne ran out and I opened the liquor cabinet" (*LZ*, 61).

Blair kleidet die gemeinsame Melancholie zusätzlich in ein lapidares Gewand: "We should have gone to Palm Springs" (*LZ*, 61). Die Umdeutungsversuche der beiden dienen dazu, tiefer liegende Wirklichkeitsschichten auszublenden. Der Desillusionierung wird mit Verdrängungsversuchen begegnet. Somit ist der Urlaub der beiden schnell beendet.

Man kann das Verhältnis von Clay zu Blair als von Anfang an grundlegend gestört bezeichnen. Unter den gegebenen Voraussetzungen können Blair und Clay einander keinen Halt vermitteln. Der mitunter sinn-

---

[66] Möllers, *A Paradise Populated with Lost Souls*, 437.

stiftende Charakter einer Liebesbeziehung ist hier von Anfang an nicht vorhanden, da Clay sowie Blair auf der Suche nach Befriedigung von Sehnsüchten sind, die in ihrer Welt nicht erfüllbar sind. "Their love is, by definition, worthless as soon as it is achieved", hebt Young heraus.[67] Und weiter: "It is as though the advertisement-like, hyperreal qualities of their situation render it tenuous and unreal".[68]

Die in der Konsumgesellschaft aufgegangenen Sehnsüchte der beiden lassen Nähe zueinander nicht zu. Young stellt das Symptomatische im Verlauf des Monterey-Urlaubs heraus:

> [It] reveals very clearly the bleakness, the unappeasable hunger at the heart of the book; the continual sense of agonizing famine in the midst of plenty. ...Ellis is again describing a general aspect of the postmodern condition - lured by promises of being able to consume the better car, the better relationship, the better self, we have substituted the future for the present.[69]

An späterer Stelle findet Clay während eines Telefonats mit Blair einen Schuhkarton in seinem Zimmer. Er öffnet ihn und erblickt Fotos, auf denen er zusammen mit Blair abgebildet ist. Doch bald legt er sie wieder weg: "... I can´t deal with looking at them" (*LZ*, 71). In Clays Reaktion auf die Fotos lässt sich Abwehr erkennen gegen die Einsicht, dass in seiner Beziehung zu Blair etwas nicht stimmt.

Vor einem ich-psychologisch-psychoanalytischen Hintergrund gesehen, mag man diese Abwehr wiederum als intrapsychischen Mechanismus deuten, der gegen die Erlangung der Desillusionierung gerichtet ist: Indem Clay die Fotos betrachtet, drängt unbewusstes, verdrängtes Material - hier eben die Einsicht in die eigene Verlorenheit - an die bewusstseinsnahe Oberfläche des Ich. Gegen das daraus resultierende Unbehagen verbleibt Clay nur, sich der Situation möglichst schnell zu entziehen.

---

[67] Young, "Vacant Possession", 38.
[68] Young, "Vacant Possession", 37.
[69] Young, "Vacant Possession", 37-38.

Der Mechanismus des Sich-Entziehen-Wollens taucht bei Clay an verschiedenen Stellen auf. Ich-psychologisch-psychoanalytisch betrachtet, handelt es sich dabei immer wieder um den gleichen o.g. Prozess. Clay unterliegt dabei im Romanverlauf einerseits einem sich langsam ausbreitenden Introspektionsprozess, den er unter einer bisweilen kühl und zurückgenommen erscheinenden Oberfläche verbirgt. So gehen ihm seine Eindrücke und die drastischen Beobachtungen, die er im Romanverlauf macht, mit der Zeit immer näher. Quasi parallel zu dieser Entwicklung läuft nun aber eine Gegenentwicklung in ihm ab. Dabei scheint er seine Eindrücke ein Stückweit paranoid zu verarbeiten. Dies zeigt sich in Clays individueller Wahrnehmung von ihn ängstigenden Vorgängen und Zeichen. Die eigentümliche Verschränkung einer Art untergründiger Bewusstwerdung und einer gleichzeitigen, nahezu psychotischen Dekompensation macht den Protagonisten in *Less Than Zero* zu einer literaturpsychologisch interessanten Figur. Dies trägt auch dazu bei, dass es sich bei *Less Than Zero* nur um ein, wie Young schreibt, "*deceptively* simple book" [70] handelt.

Es wird nun ein weiteres Glied zu Clays Gedankenkette eingeführt.

Clay ist mit seiner Mutter und seinen Schwestern am folgenden Tag zu einem Einkaufsbummel in Beverly Hills unterwegs. Clays Schwestern, von denen er glaubt, dass die Ältere der beiden fünfzehn Jahre alt sei (*LZ*, 23), unterhalten sich angeregt über einen Jungen, der ganz offensichtlich große Attraktivität auf sie ausübt: eine der beiden nennt ihn "the biggest babe" (*LZ*, 23). Wenig später, nachdem sich ein kurzer, belangloser Dialog über den Jungen entsponnen hat, bemerkt eine der Schwestern: "I wonder if he´s for sale" (*LZ*, 23). Niemand kommentiert diesen Satz, doch Clay wird mit dieser Aussage kurz darauf wieder konfrontiert.

Denn als Clay kurze Zeit später in einem Cafe in Studio City auf Blair und zwei ihrer Freundinnen wartet, wird die Gedankenkette weitergeknüpft.

---

[70] Young, "Vacant Possession", 21. (Meine Hervorhebung.)

Clay blickt unvermittelt in die Augen eines

> ... small, dark, intense-looking guy ... sitting two booths across from me. ... The man keeps staring at me and all I can think is either he doesn't see me or I'm not here. I don't know why I think that. People are afraid to merge. *Wonder if he's for sale.* (*LZ*, 26)

Hier verknüpft Clay zum ersten Mal die beiden Aussagen. Steur stellt hierzu fest, dass durch die Verknüpfung der verschiedenen Bedeutungsebenen eine vielschichtige Aussage entsteht.[71] Er zitiert Freese in Bezug auf die Erfassung einer der Bedeutungsebenen:

> In connection these statements render the insight that people might try to buy sexual contact unencumbered by personal commitment for the very reason that they are afraid to 'merge'.[72]

Dies wird bestätigt durch Clays Freund Julian, den Clay durch den Roman hindurch zu kontaktieren versucht und dessen kontinuierliche Selbstzerstörung er letztlich nicht verhindert, zumal ihm dazu, als passiver Beobachter, der Antrieb fehlt.[73] Julian gleitet letztlich ins Prostitutionsmilieu ab, wobei darauf hingewiesen werden muss, dass dieses Milieu sich nicht allzusehr von dem im Roman dominierenden Milieu unterscheidet. Die Übergänge sind fließend - es werden die gleichen Waren konsumiert, es gelten die gleichen Codes. Dennoch scheint Prostitution, ähnlich wie der Konsum von Heroin, ein Tabu in Clays Umkreis zu sein, auf das, wenn es durchbrochen wird, teils mit Entsetzen, teils mit Belustigung reagiert wird.[74]

---

[71] Steur, *Der Schein und das Nichts*, 63.
[72] Freese, "Entropy in the 'MTV Novel'?", 74. Zit. n. Steur, *Der Schein und das Nichts*, 63.
[73] Es ist im Gegenteil sogar so, dass Clay am Ende seines Aufenthalts in Los Angeles den Wunsch verspürt, dabei zuzuschauen, wie Julian sich verkauft: "... I want to see if things like this can actually happen ... all that does [matter] is that I want to see the worst" (*LZ*, 172).
[74] Auf Kims Sylvesterparty spritzt sich Muriel Heroin in Anwesenheit von Clay, Blair, Kim, Spit und einem Fotografen. Während der Fotograf abgebrüht-professionell die Szene fotografiert, stehen die anderen erschrocken herum. Nur Kim versucht zu intervenieren: "don't do it", während Spit kommentiert: "Oh, man, this is wild" (*LZ*, 85-86).

Steur weist darauf hin, dass häufig wechselnde sexuelle Kontakte im Roman zwar allgegenwärtig sind, "Prostitution dabei jedoch keine Rolle spielt".[75]

Steur stellt ebenfalls fest, dass man auf einer weiteren Bedeutungsebene in Clays Gedankenkette die Angst vor dem Verlust seiner Identität erkennen kann. Das Verb *merge* drückt dies in diesem Kontext aus.[76] Das nachgestellte "Wonder if he´s for sale" stellt hier eine Variation des Themas dar, indem es die Identitätsproblematik reflektiert. Clays Angst vor einer kommodifizierten Identität - und somit ihrer Auflösung - wird hier angedeutet.

Wie sehr Clay trotz seiner Reflektionen in Fremdbestimmtheit verhaftet ist, zeigt sich in dem kurzen Abschnitt, als er mit Trent zusammen Kims Party besuchen will. Trent holt Clay zu Hause ab und rät ihm, eine Krawatte umzubinden, was dieser auch tut. Genauso aber legt er diese wieder ab, denn Trent "tells me to take mine off" (*LZ*, 30). Gefügig gibt sich Clay der Konvention hin, ungeachtet der banalen Situation einer weiteren unter vielen Partys.

Auf dieser Party wird mittels eines Dialoges zwischen Clay und dessen Dealer Rip die Saturiertheit und Leblosigkeit der Gesellschaft, die Clay umgibt und deren Teil er ist, hingewiesen.

Desinteressiert fragt Rip nach den Seminaren, die Clay "up there", in New Hampshire, belegt hat (*LZ*, 31). Als Clay einen "music course" erwähnt, fragt Rip nach. Clay erkennt sofort das Unechte in Rips vorgetragenem Interesse; so beschreibt er ihn als "pretending to get excited" (*LZ*, 32). Währenddessen bereitet Rip Kokain zum Schnupfen vor. Rip erwähnt, dass er "some lyrics" habe und schlägt Clay vor, er solle doch die Musik dazu schreiben. Rip schließt mit "We´ll make millions", Clay erwidert darauf: "Millions of what?" (*LZ*, 32). Die Unernsthaftigkeit der Entgegnung liegt auf der Hand. So übergeht Rip Clays Gegenfrage.

---

[75] Steur, *Der Schein und das Nichts*, 63.
[76] Steur, *Der Schein und das Nichts*, 64.

Clay spürt dabei intuitiv Rips Reaktion auf seinen Scherz; so beschreibt er Rip als "not missing a beat" (*LZ*, 32). Abschließend fragt Rip: "Are you going back? Or are you gonna stay...and play...in L.A." und lacht daraufhin (*LZ*, 32).

Dieser Schlusssatz unterstreicht Rips Desinteresse, da er die direkt voran gestellte Frage nivelliert. Diese ist lediglich nur Vehikel für die darauf folgende Reimspielerei. Somit entlarvt sich Rip hier als selbstsüchtiger *ego maniac*, den Clays Belange nicht wirklich interessieren. Dies wird an späterer Stelle noch einmal deutlich.

Im Verlauf des Dialoges wird die Oberflächlichkeit deutlich, die über der Szene liegt. Der einzige aussagekräftige Satz kommt von Clay, als er in Bezug auf seine anstehende Rückkehr ans College in New Hampshire auf die Auswechselbarkeit und die Indifferenz der Orte und der Menschen hinweist: "Things aren´t that different there" (*LZ*, 33). In Clays Wahrnehmung ist die Annäherung an einen tiefer gehenden Modus der Kommunikation sinnlos: "Rip is getting restless and I get the feeling that it doesn´t matter a whole lot to Rip whether I stay or go" (*LZ*, 33).

Doch es ist nicht nur Clays persönliche Wahrnehmung, in der für zwischenmenschliche Begegnungen kein Platz ist.

In der vorangegangenen Szene im Du-par´s in Studio City, in der Clay unbeteiligt Zeuge einer Unterhaltung zwischen Blair, Alana und Kim wird, manifestiert sich deren Desinteresse an über Smalltalk hinausgehender Kommunikation in zugespitzter Form (*LZ*, 26-29).

Die dritte zentrale Gedankenkette beginnt am frühen Morgen des nächsten Tages, als Clay nach einem flüchtigen sexuellen Kontakt irritiert nach Hause fährt. Auf dem Sunset Boulevard sieht er eine Reklametafel, auf der "Disappear Here" steht (*LZ*, 38). Clay ist beunruhigt, obwohl er die Aussage dem realen Kontext zuordnen kann: "... even though it´s probably an ad for some resort, it still freaks me out a little and I step on the gas really hard ..." (*LZ*, 38). Clays Angstreaktion weist auf seine innerpsychische Bereitschaft hin, äußere Eindrücke magisch zu verarbeiten.[77] Er befindet sich in einer instabilen, unsicheren Verfassung, die es ihm erlaubt, Verknüpfungen herzustellen, die für Außenstehende auf den ersten Blick nicht nachzuvollziehen sind.

Steur stellt fest, dass Clays Angstpotential sich erhöht und hier wiederum auf die Angst vor dem Verlust der Identität hingewiesen wird.[78] Auf Clays ängstliche Reaktion bezogen, hält Steur fest:

> Diese Reaktion ist nur dann nachvollziehbar, wenn man annimmt, daß Clay das Verb *disappear*, das die unterschiedlichen Bedeutungen "to pass out of sight, vanish" und "to cease to exist" haben kann, von dem gegebenen Kommunikationsumstand - Werbung für ein Freizeitvergnügen - löst und es auf seine eigene Lage bezieht.[79]

Dasselbe Motiv wird wiederaufgenommen, indem Clay mittags wiederum die Reklametafel sieht: "... I look away and kind of try to get it out of my mind" (*LZ*, 41).

Betrachtet man diese Äußerung und vergleicht sie mit Clays Reaktion auf den Satz "People are afraid to merge" am Anfang des Romans - "... I try to get over the sentence, blank it out" (12) -, so wird deutlich, daß sie die beiden Szenen verbindet. Die sprachliche Parallele ist offensichtlich.[80]

---

[77] Magisches Denken, bei Levy-Strauss "wildes Denken" (Levy-Strauss, *Das wilde Denken*, 1968), ist ein dem entwicklungspsychologisch-psychodynamischen Theoriegebäude entstammender Begriff, der eine prälogische, akausale Denkform bezeichnet. Diese archaische Denkform ist gekennzeichnet durch Animismus. Dabei wird auf rationale Erklärungen von Phänomenen verzichtet. Ursache und Wirkung werden miteinander vermischt, und es wird eine geheimnisvolle symbolische Ähnlichkeit dieser hervorgehoben. Dieser "magisch-animistische Denkstil" (Piaget, *Das Weltbild des Kindes*, 1978), auch primärprozesshaftes Denken genannt, dominiert in der Regel das Denken des 2- bis 5-jährigen Kindes und wird zunehmend und in großen Teilen vom sogenannten sekundärprozesshaften, rationalen, auch naiv genannten Denken abgelöst. In krisenhaften Situationen und Lebenslagen kann - auch beim Erwachsenen - eine Regression auf die Stufe des magischen Denkens stattfinden; in solch einem Fall werden dann Eindrücke und Vorgänge erneut akausal wahrgenommen. Vgl. Resch, Franz, *Entwicklungspsychopathologie des Kinder- und Jugendalters*, Beltz/PVU, Weinheim, 1996, 109 ff.
[78] Steur, *Der Schein und das Nichts*, 65.
[79] Steur, *Der Schein und das Nichts*, 65.
[80] Steur, *Der Schein und das Nichts*, 65.

Weniger angstbesetzt, sondern eher resigniert erscheint "Disappear Here" an einer späteren Stelle im Roman.

Clay befindet sich in einem *beach club* und wartet auf einige seiner Bekannten (*LZ*, 73). Er blickt in Richtung Meer und beschreibt sich als "staring out at the expanse of sand that meets the water, where the land ends. Disappear Here" (*LZ*, 73). Clay befindet sich am Rande der Welt, der Blick auf das Meer stellt für ihn das Ende aller Verheißung dar. Auch die letzte *frontier* ist nun geschlossen.

So ist die 1960 von Kennedy ausgerufene Eroberung der *open frontier of space* [81] im Roman längst mutiert zu Phantasmagorien in Form von Sciencefiction-Serien wie *The Twilight Zone* oder Filmen desselben Genres wie *Alien*, *War of the Worlds* und *Invasion of the Body Snatchers* (*LZ*, 172; 54; 78; 141). Bei soviel Inauthentizität verbleibt der Gesellschaft um Clay nur noch die Ausrufung einer *open frontier of fun*, deren Eroberungsversuch in *Less Than Zero* die Reifikation des Menschen - und damit seine Entmenschung - zur zwangsläufigen Folge hat. Somit ist Clays Reflektion an einem der äußersten westlichen Punkte der USA eine Allegorie auf das Scheitern des *American Dream*. Der Westen erweist sich als sinnentleert; nur diffuse Überreste eines Mythos sind übriggeblieben:

> Die Antwort von Clay und Seinesgleichen auf das traumatische Kalifornien ist nur ein diffuses "There's a feeling I get when I look to the West...," eine Liedzeile von Led Zeppelin, die Ellis ... seinem Roman vorangestellt hat.[82]

So bleibt dem einsamen Beobachter, "ein Jahrhundert nach Whitmans Aufbruchstimmung",[83] nur ein resigniertes "Disappear Here" (*LZ*, 73).

Dass Clay sich im Roman durchaus seiner Reflektionsfähigkeit bedient, zeigt sich auf dem Weg ins Ma Maison, einem Restaurant, zu dem Clay mit seinem Vater zum Essen fährt. Er beantwortet die Fragen seines

---

[81] Zit. n. Freese, *'America': Dream or Nightmare?*, 134.
[82] Möllers, *A Paradise Populated with Lost Souls*, 445-446.
[83] Möllers, *A Paradise Populated with Lost Souls*, 446.

Vaters bezüglich des College "pretty sincerely" (*LZ*, 42) und verbalisiert gegenüber dem Leser die Kommunikationsunfähigkeit des Vaters, in dem er dessen Einlegen einer Bob Seger-Cassette ins Autoradio mit "as if this was some sort of weird gesture of communication" kommentiert (*LZ* , 42). Im Verlauf des Gespräches im Ma Maison wird die Selbstsucht des Vaters deutlich, der, wie Clay feststellt, nicht das Übliche isst: "Nutritionist won´t allow it", lautet seine Begründung, was auf dessen Körperbewusstsein hinweist (*LZ*, 42). Seine Interessen scheinen sich allerdings auf sein Äußeres zu beschränken. Der gesamte Dialog mit Clay bleibt an der Oberfläche. Bezeichnend ist, dass Clay von seinem Vater gefragt wird, ob er als Weihnachtsgeschenk das Abonnement der Zeitschrift *Variety* verlängert haben möchte (*LZ*, 43), einer Glamour-Postille, die Clay im gesamten Roman nicht einmal liest. Trotzdem wurde das Abonnement bereits verlängert (*LZ*, 43). Von wem das Abonnement verlängert wurde, geht aus dem Kontext nicht hervor, ist es doch allen beliebig.

Am Ende des Dialogs tritt die Entfremdung zwischen Vater und Sohn deutlich hervor. Clays Vater stellt fest: "You look thin.... And pale". Clay murmelt zurück: "It´s the drugs" (*LZ*, 43). Doch das Thema Drogen stößt bei Clays Vater auf Abwehr: "I didn´t quite hear that", lautet sein trister Kommentar (*LZ*, 43).

Die Offenheit, die Clay mit seinem Drogenbekenntnis hier an den Tag legt, verweist einerseits auf die Ubiquität von Drogen in Clays Umfeld. Andererseits scheint ihm bewusst zu sein, dass sein andauernder Drogenkonsum - und der seiner Bekannten - allenfalls auf von Verdrängungsversuchen begleitete Inkaufnahme bei seiner Elterngeneration stößt. Der Preis dafür ist die Duldung der tragischen Situation, in der sich ihre Kinder befinden. Clays Vater scheint das Thema Drogen verdrängen zu wollen, doch im o.g. Dialog mit Clay wird er eindeutig damit konfrontiert. Die abwehrende Äußerung des Vaters ist Ausdruck seiner eigenen Ohnmacht, die sich in der (vor-)bewussten Vernachlässigung seines Sohnes niederschlägt. Clays Aussage ist in diesem Kontext als

Hilfeschrei zu lesen, ein Hilfeschrei, der zahlreichen Nachhall findet in Äußerungen über die Abwesenheit der Eltern im Roman. So kennt Daniel, ein Bekannter Clays, den Aufenthaltsort seiner Eltern nicht allzu genau. Er glaubt, sie seien zum Einkaufen in Japan (*LZ*, 55). Darauf fällt ihm ein, dass sie sich auch in Aspen aufhalten könnten, um dann hinzuzufügen: "Does it make any difference?" (*LZ*, 55). Clays Bekannte Kim, die den Aufenthaltsort ihrer Mutter aus der Zeitschrift *Variety* erfährt, ist ein weiteres Beispiel (*LZ*, 82). Zugespitzt wird das Motiv der Verlassenheit in einem Gekritzel an einer Toilettenwand in der Diskothek Pages:

Fuck you Mom and Dad. ... You both can die because that's what you did to me. You left me to die. You both are so fucking hopeless. ... Burn, you fucking dumbshits. ... Burn. (*LZ*, 193) [84]

Möllers stellt hierzu fest:

Offenbar löst die in Los Angeles konzentrierte leere Konsumgesellschaft dämonische Kräfte aus, die dazu führen, daß diese Gesellschaft ihre eigenen Kinder frißt, die sich ihrerseits in ohnmächtigem Haß gegen die Elterngeneration wendet ....[85]

Ellis stellt im Roman nachdrücklich heraus, welche Dimension der Zynismus der den Protagonisten umgebenden Gesellschaft bereits angenommen hat. Erst aus dieser Tatsache heraus wird Clays Einsamkeit deutlich.

Während Rip unter einem "expensively framed poster of The Beach Boys" Kokain konsumiert, versucht sich Clay zu erinnern, "which one

---

[84] Bemerkenswert ist an dieser Stelle auch die motivische Verbindung zwischen den drei hier behandelten Romanen: So stoßen alle drei Ich-Erzähler im Handlungsverlauf auf hingekritzelte Obszönitäten. Nur der Modus des Umgangs damit unterscheidet die Protagonisten voneinander. Während Nick das obszöne Wort auf einer Stufe zu Gatsbys Haus mit dem Fuß wegwischt (*GG*, 171), muss Holden schon die Unmöglichkeit erkennen, derartige Schmierereien zu entfernen: "It's hopeless, anyway. If you had million years to do it in, you couldn't rub out even *half* the 'Fuck you' signs in the world. It's impossible" (*CR*, 182). Clay hingegen referiert, was er sieht, ohne ein einziges Wort über die Obszönität zu verlieren, geschweige denn sie zu entfernen. Clay kann sich daran nicht stoßen, steht sie doch inhaltlich und formal für den vermeintlichen Normalzustand der Welt, in der Clay sich befindet.

[85] Möllers, *A Paradise Populated with Lost Souls*, 446.

[der Mitglieder der *Beach Boys*] died" (*LZ*, 50). Über den herkömmlichen literarischen Verweisungshorizont hinausgehend, setzt Ellis das Wissen des Lesers voraus, dass die Band in erster Linie aufgrund ihres Drogenkonsums auseinanderbrach.[86]

Der Beobachter Clay erfährt eine Zuspitzung des Zynismus an späterer Stelle. Als ein gewisser Ross in einer Gasse neben dem Musikclub The Roxy eine Leiche findet, eilen alle Anwesenden hin, begierig, ihre Sensationslust zu stillen (*LZ*, 185). Unter den Umstehenden wird nachgedacht, welche Bekannten man noch zur Fundstelle holen könne (*LZ*, 186). Im Verlauf der Überlegungen verfallen die Anwesenden ungerührt in eine Smalltalk ähnliche Unterhaltung darüber, ob die Band X an diesem Abend schon ihren Song "Adult Books" gespielt habe (*LZ*, 186). Die Anwesenden wenden sich dann wieder dem toten Jungen in der Gasse zu und ergehen sich in morbiden Scherzen (*LZ*, 186-187). Clay kommentiert diese Szene nicht, er stellt nur fest: "I cannot take my eyes off the dead boy". Gleichzeitig fragt er sich, "what would happen if the boy´s eyes were to open" (*LZ*, 187).

Die Beklemmung in dieser Szene geht von dem Unausgesprochenen seitens Clay aus, das Ellis wirkungsvoll den Unernsthaftigkeiten der Anwesenden gegenüberstellt: Ein Hinweis auf "dried blood, crusted, above the upper lip" (*LZ*, 186) des Jungen lässt den Schluss zu, dass dieser an einer Überdosis einer Droge gestorben ist. Vermutlich jedem der Anwesenden könnte dieses Ende auch bevorstehen; in dem Toten spiegelt sich das individuelle Schicksal eines kollektiven Verhaltens wider. Clays Beklemmung - den Scherzen der Anderen gegenübergestellt - weist darauf hin, dass er diesen Zusammenhang herstellt und sich mit dem toten Jungen ein Stückweit identifiziert.[87] Nicht so die anderen Umste-

---

[86] Vgl. Möllers, *A Paradise Populated with Lost Souls*, 445.
[87] Für Clays Identifikationsbereitschaft spricht in diesem Zusammenhang auch, dass er an späterer Stelle im Roman ähnlich reagiert. Auf einer Party bei Trent in Malibu wird ein *snuff movie* in den Videorecorder im *master bedroom* eingelegt. (Ein *snuff movie* ist ein Film, "in which the actual killing of a person is shown" (Chapman, Robert L., ed., *American Slang* , Harper & Row Pub., New York, 1987, 412.).)

henden. Das Fanal bleibt wirkungslos; die Identifikation mit dem Toten wird abgewehrt und stattdessen unempathisch-scherzhaft verarbeitet. Clays Reaktion dagegen weist auf die Brüchigkeit dieses Mechanismus hin: ihm ist nicht nach Scherzen zu Mute, unausgesprochen scheint ihm die Begegnung näher zu gehen als den anderen Anwesenden. Dies spiegelt sich wieder in der darauf folgenden, wiederum drastischen Szene.

Clay und einige seiner Bekannten befinden sich in Rips Apartment. Ein junges Mädchen, Shandra, liegt gefesselt auf einem Bett in Rips Schlafzimmer. Spin, einer von Clays Bekannten, injiziert dem Mädchen eine Droge, vermutlich Heroin, und beginnt sich vor Clays Augen an ihr zu vergehen (*LZ*, 188-189). An dieser Stelle verlässt Clay den Raum. Es entspinnt sich daraufhin ein dichter Dialog zwischen ihm und dem ebenfalls anwesenden Rip. Dieser Dialog lässt Clays einzigen Versuch im Geschehen, Stellung zu beziehen, am Ende ins Leere laufen. Im Kontrast von hyper-hedonistischer Verantwortungslosigkeit, für die Rip steht, und Überresten moralischer Skrupel seitens Clay offenbart sich die gegenseitige Entfremdung und damit einhergehend die Verlorenheit des Beobachters Clay:

"Why?" is all I ask Rip.
"What"
"Why, Rip?"
Rip looks confused. "Why that? You mean in there?"
I try to nod.
"Why not? What the hell?"
"Oh God, Rip, come on, she´s eleven."
"Twelve," Rip corrects.
"Yeah, twelve," I say; thinking about it for a moment.
"Hey, don´t look at me like I´m some sort of scumbag or something.
 I´m not."

Sowie in diesem Video die homiciden Gewalthandlungen beginnen, wird Clay unruhig und verlässt den Raum, wobei die anderen anwesenden Jugendlichen zurück bleiben und ihrem grausamen Vergnügen frönen. Clay versucht sich abzulenken und das Gesehene zu verdrängen: "I sit in the sun ... and try to calm down." (*LZ*, 153) Doch wird er kurze Zeit später davon eingeholt, als seine Bekannten sich zynisch über den hohen Realitätsgehalt des Films auslassen - Clay kommentiert diese Unterhaltung mit keinem Wort (*LZ*, 153- 154).

"It´s ..." my voice trails off.
"It´s what?" Rip wants to know.
"It´s ...I don´t think it´s right."
"What´s right? If you want something, you have the right to take it.
If you want to do something, you have the right to do it."
...
"But you don´t need anything. You have everything," I tell him.
Rip looks at me. "No. I don´t."
"What?"
"No, I don´t."
There´s a pause and then I ask, "Oh, shit, Rip, what don´t you have?"
"I don´t have anything to lose." (*LZ*, 189-190)

Clays - wenn auch halbherziges - Aufbäumen gegen die skrupellose Gier der Gesellschaft, die Rip repräsentiert, steht einem übermächtigen Lebensgefühl des Nimm-dir-einfach-was-du-willst entgegen. Clays Versuch des Heraustretens aus der Beobachterhaltung wird in Rips perverser Konsumlogik erstickt. Diese Konsumlogik basiert auf einem synthetischen Lebensgefühl, das das Produkt einer verzerrten Realitätswahrnehmung ist. So erklärt Möllers:

> Ellis präsentiert ein Los Angeles, in dem sich ´Realität´ aus einem konstanten (Über-) Fluß von Tönen, Bildern und Zeichen konstituiert, also eine ´Realität´, die ... aus zweiter Hand stammt ....[88]

Diese Realität aus zweiter Hand hat Bolz als Folge der Infragestellung der "traditionelle[n] Differenz zwischen Realem und Imaginärem" [89] dargestellt. Die Aufhebung dieser Differenz ist dabei induziert durch die Technologien der Simulation - die visuellen Medien -, die medial eine Hyperrealität schaffen. Bilder verlieren in dieser Hyperrealität ihren abbildenden Charakter; stattdessen sind sie nach Baudrillard als *Simulakra* zu verstehen, als identische Kopien eines Originals, das nicht existiert.[90]

Baudrillard, der hier einen Begriff Platons verwendet, unterscheidet zunächst zwischen der Logik der Tatsachen und der Logik der Simulation. Mit dieser Differenz ist ein "Vorlauf von Modellen" gemeint, "die den

---

[88] Möllers, *A Paradise Populated with Lost Souls*, 437.
[89] Bolz, *Eine kurze Geschichte des Scheins*, 7.
[90] Baudrillard, Jean. *Simulacres et simulation*. Galilée, Paris, 1981, 10 ff.

Schauplatz der Ereignisse allererst konstituieren. Die Tatsachen sind demnach nichts als Emergenzen an den Schnittpunkten zirkulierender Simulakra".[91] D.h. es ist zunächst einmal Wirkliches und Simuliertes nicht unterscheidbar. Beide Sphären sind jeweils als Simulakrum, als ´Als ob´, zu verstehen; und dieses solange, bis sich herausstellt, ob Simulation oder Wirklichkeit vorliegt. So kann ein nuklearer Angriffskrieg am Bildschirm simuliert werden. In diesem Moment ist er am Bildschirm wirklich, und dieses bis sich u.U. aufklärt, dass in der Realität kein Krieg stattfindet. Diese Aufklärung erfolgt wiederum medial und ist damit genauso unzuverlässig. Die nicht-mediale Aufklärung, d. h. eine Inaugenscheinnahme ist dem Individuum in den seltensten Fällen möglich. So ist das Individuum verurteilt, mediale Information zu erhalten, deren Authentizität nicht überprüfbar ist. Die Faktizität dieser Unüberprüfbarkeit ist dabei wiederum wirklich. "So definiert die Logik der Simulation das Reale rein operational - jenseits von Repräsentation und Metaphysik", erklärt Bolz.[92] Gleichzeitig stellt sich das Medium aus sich selbst heraus als authentisch, als die Wirklichkeit repräsentierend, dar, und erschafft dort, wo nichts Wirkliches ist, die "Illusion einer Ereignishaftigkeit",[93] wie Baudrillard es formuliert. An dieser Stelle entsteht Hyperrealität.

Auch Steur betont in diesem Kontext, dass

...die objektiven Verhältnisse und die subjektiven Erfahrungen der Wirklichkeit - auch unsere Wahrnehmung der Wirklichkeit - ... überlagert und verfremdet [werden] von ihren endlosen Spiegelungen durch Film und Fernsehen. Heute geschehen viele Ereignisse schon im Blick auf die Medien, die sie aufzeichnen und ausstrahlen.[94]

Die Glitzer-Welt des Films und des Fernsehens ist im Roman allgegenwärtig. Es ist dies die postmoderne Welt, die Jameson beschreibt; näm-

---

[91] Bolz, *Eine kurze Geschichte des Scheins*, 110.
Vgl. Baudrillard, Jean. *Simulacres et simulation*. Galilée, Paris, 1981.
[92] Bolz, *Eine kurze Geschichte des Scheins*, 111.
[93] Baudrillard, Jean. *Agonie des Realen*. Übers. Lothar Kurzawa, Volker Schaefer. Merve, Berlin, 1978, 62.
[94] Steur, *Der Schein und das Nichts*, 92.

lich die Welt, "die aus nichts als Abbildern ihrer selbst besteht und versessen ist auf Pseudoereignisse und ′Spektakel′ jeglicher Art".[95]

Clay ist genauso wie Rip ein Teil dieser ′Realität′; damit ist sein Verlorensein von Beginn des Romans an vorgezeichnet. Der o.g. "(Über-) Fluß von Tönen, Bildern und Zeichen", aus dem sich seine ′Realität′ konstituiert, ist letztlich das Produkt der Apotheose der westlichen Konsumgesellschaft. Dieser ist Clay weitgehend hilflos ausgesetzt. Im Unterschied zu seinen Bekannten, und dies bedingt Clays Einsamkeit, ist Clays Reflektionsfähigkeit nicht völlig ausgeschaltet, wie im o.g. Dialog mit Rip erkennbar ist. Doch auch Clay ist der allgegenwärtigen Bilderflut ohne nennenswerte Selektionstechnik ausgesetzt. Und auch Clay unterliegt, wie an seinem Verhältnis zu Blair deutlich wird, einer Konsumlogik der kommodifizierten sozialen Beziehungen. Dieser Sachverhalt wird von Clay genauso wenig wie von Seinesgleichen durchschaut. Young stellt dazu fest: "They [Clay and his peers] are unable to see that their desires are artificially created in response to commodity relations".[96]

Alanas Feststellung: "I think we′ve all lost some sort of feeling" (*LZ*, 158), die sie an anderer Stelle im Text trifft und die wie ein Resümee der Romanhandlung klingt, deutet auf diesen Sachverhalt hin. Das vage, diffuse Moment in ihrer Aussage verweist einmal mehr auf die Heimatlosigkeit der Figuren. In ihrem Eskapismus haben sie jedes emanzipatorische Potential verloren. So bleibt auch Clay angesichts Rips zynischer, zirkelschlüssiger Logik ohnmächtig zurück.

An einer anderen Stelle stellt Ellis die aus dem beschriebenen Überfluss sich konstituierende Beliebigkeit - hier auf das Thema Kommunikation bezogen - figurativ mittels einer parallelistischen Aneinanderreihung dar. Clay bekommt einen Anruf von Daniel, der ihm von einem Mädchen, "he saw at school in New Hampshire" (*LZ*, 63), berichtet. Außerdem sei das

---

[95] Jameson, Fredric. "Postmoderne - zur Logik der Kultur im Spätkapitalismus". Übers. Hildegard Föcking, Sylvia Klötzer. In: Huyssen, Andreas, Klaus R. Scherpe (Hg.). *Postmoderne - Zeichen eines kulturellen Wandels*. Rowohlt, Reinbek, 1989, 63.

[96] Young, "Vacant Possession", 33.

Mädchen, das Vanden heißt, schwanger. Daniel referiert Clay nun den Inhalt eines Briefes, den er von Vanden bekommen hat. Der Verlauf des Gespräches hat einen äußerst monologischen Charakter:

...he tells me that Vanden might not be coming back; that she might be starting a punk-rock group in New York ...; that she might be living with this drummer from school ...." (*LZ*, 63)

Dieses Sprachmuster wird fortgesetzt und kulminiert in der Variation von "might" zu "might or might not":

[...he tells me] that she might or might not be coming out to L.A.; that it might or might not be Daniel's kid; that she might or might not get an abortion, get rid of it; ... that she might or might not go back [to Connecticut] ...." (*LZ*, 63-64)

Ironisch unterstrichen wird die Beliebigkeit der genannten Aussagen noch dadurch, dass Daniel hinzufügt, "that the letter wasn't too clear" (*LZ*, 64).

Die Absurdität des Telefongesprächs ist deutlich. Es verwundert nicht, dass Clay, als er am Ende des Gesprächs von Daniel gefragt wird, "if he [Daniel] should get in touch with Vanden", viel Mühe aufbringen muss, "to care enough to urge him to do so" (*LZ*, 64). Daniel jedoch "doesn't see the point and says Merry Christmas dude and we hang up" (*LZ*, 64).

Einerseits hat der gesamte Sprachgebrauch in dieser Szene phatische Qualität: die Sprache kommuniziert nichts und löst sich in ihre formalen Bestandteile auf. Andererseits trägt die Szene metafiktionale, fast Barth'sche, Züge: Indem die (Objekt-)Sprache keine Inhalte transportiert, verweist sie auf ihren eigenen artifiziellen Charakter und somit auf den artifiziellen Charakter der Szene. Man kann die Szene daher lesen als einen Hinweis darauf, dass in einer herkömmlichen, 'normalen', Welt und damit in einem herkömmlichen, 'normalen', Handlungsverlauf im Text nun ein Telefongespräch stattfinden würde, in dem sich die Teilnehmer inhaltlich in irgendeiner Form austauschen. Da konventionelle Maßstäbe in der in *Less Than Zero* dargestellten Welt größtenteils außer Kraft gesetzt sind, bleibt hier nur, ein Meta-Gespräch darzustellen. Der o.g. Hinweis wird nicht ausdrücklich verbalisiert; dennoch trägt die Szene diesen implizit metafiktionalen Charakter.[97]

Gleichzeitig gewinnt die Szene auf der stilistischen Ebene Dynamik durch den Einsatz des Polysyndeton. Ellis macht an dieser Stelle konsequent Gebrauch davon, indem er zwischen die Satzglieder dieses letzten Satzes des Kapitels siebenmal den Verbindungspartikel "and" setzt (*LZ*, 64). Die stakkatoartige Informationsüberflutung trägt dabei wiederum parodistische Züge: es wird viel geredet, doch es steckt inhaltlich nichts dahinter. Wiederum findet keine wirkliche Kommunikation statt, und Clay lässt dieses Gespräch mit Schafsgeduld über sich ergehen.

Die sinnbildliche Dimension dieser Szene liegt dabei nicht allein in der Gegenüberstellung von Quantität gegenüber Qualität; vor einem linguistisch-strukturalistischen Hintergrund könnte man geradezu von einer Aneinanderreihung von Signifikanten ohne Signifikat sprechen: nur die

---

[97] John Barths namenloser Autor-Erzähler äußert in der Kurzgeschichte "Life Story" (1963) Unmut über den Prozess des Schreibens in Verbindung mit der Erschöpfung der Themata in der Literatur in parodistischer Weise: "God so to speak spare his readers from heavy-footed forced expositions of the sort that begin in the countryside near ____ in May of the year ____ ..." (Barth, John, "Life-Story", in: *Lost in the Funhouse. Fiction for Print, Tape, Live Voice*. Doubleday, New York, 1988, 126.). Der Erzähler bricht bewusst eine literaturtheoretisch konventionelle ´Spielregel´: er demontiert den eigenen Text durch den Hinweis auf dessen Künstlichkeit. So wie Barth hier seinen Erzähler auf die Schwierigkeit des literarischen Schaffensprozesses eingehen lässt, lässt Ellis seinen Protagonisten in *Less Than Zero* ein sinnentleertes Telefongespräch führen und geht damit - gewiss in unterschiedlicher Dimension zu Barth - auf den Gesellschaftszustand ein. Ein substantieller Auflösungsprozess der Kommunikation wird dabei dargestellt.

Ein ähnliches Motiv findet sich in Barths Kurzgeschichte "Water-Message" (1963). Der jugendliche Protagonist Ambrose findet dort eine Flaschenpost, die keine Nachricht enthält, sondern nur ein Stück Papier mit Anrede und Grußformel ["TO WHOM IT MAY CONCERN YOURS TRULY" (Barth, John, "Water-Message", in: *Lost in the Funhouse*, 56.)]. Analog dazu hat sich in *Less Than Zero* die Substanz der Kommunikation aufgelöst und somit die Kommunikation selbst: was übrig geblieben ist, ist das sprachliche Zeichen, das kein inhaltliches Korrelat besitzt, sondern dieses lediglich vorspiegelt. Clay fällt somit dem Simulakrum, dem Als ob, zum Opfer: in seiner Ermattung ist er unfähig, irgendeine seiner impliziten Reflektionen zu verbalisieren.

Ausdrucksseite der sprachlichen Zeichen tritt zu Tage, ihre Inhaltsseite ist verloren gegangen.

Eine weitere triste Begegnung bietet der Heiligabend, an dem Clay und seine Familie im Restaurant Chasen's zu Abend essen. Nach eigenem Bekunden isst Clay nicht, sondern starrt auf den Teller, "totally fixated on the fork cutting a path between the peas" (*LZ*, 64). Clay berichtet von der Trennung seiner Eltern, von der er annimmt, dass sie vor etwa einem Jahr stattgefunden habe (*LZ*, 65). Er beschreibt die Kommunikationslosigkeit der Eltern, die sich *de facto* nichts zu sagen haben. Ebenso beschreibt Clay seine Schwestern, die sich über "anorexic friends" unterhalten und die ihm älter vorkommen: "older than I remember them looking ..." (*LZ*, 65). Der Abend wird für den Beobachter Clay zur Qual: er flüchtet in Reflexionen über seine Lage. Charakteristisch ist dabei die Folgenlosigkeit seiner Reflexionen für sein Handeln. Die Reflexionen enthalten für ihn keinerlei Aufforderungscharakter, die Situation zu gestalten oder Veränderungen herbeizuführen; stattdessen bahnt sich das gängige eskapistische Verarbeitungsmuster seinen Weg: "I don't look at my parents too much, just keep running my hand through my hair, wishing I had some coke, anything, to get through this ..." (*LZ*, 65-66).

Die Verheißung der Droge stellt hier einmal mehr den Fluchtweg aus der als grausam empfundenen Realität dar, doch es kommt in der Situation nicht zum Konsum. Stattdessen überstürzen sich Clays Assoziationen:

I think about Blair alone in her bed stroking that stupid black cat and the billboard that says, "Disappear Here" and Julian's eyes and wonder if he's for sale and people are afraid to merge and the way the pool at night looks, the lighted water, glowing in the backyard. (*LZ*, 66)

Es laufen hier Clays angstbesetzte Wahrnehmungen zusammen, assoziativ miteinander verwoben. Die evozierte Resignation fasst Clay am Ende des Kapitels in folgendem Resumee zusammen: "I hope I'll never have to do this again" (*LZ*, 67).

Doch ist dieser Heiligabend noch nicht vorüber. Die Familie stattet einem weiteren Lokal, Jimmy's, noch einen Besuch ab. Auf dem Weg dorthin muss Clay gemeinsam mit der Familie die Folgen eines Verkehrsunfalls betrachten.

Dieser kleine Kunstgriff Ellis' unterstreicht noch das Grauen dieses Abends. Diesem wird mittels des Aufeinanderprallens von äußerer Familienidylle und innerer Teilnahmslosigkeit der Figuren am Schicksal anderer Menschen eine fanalartige Dimension verliehen.

Zur Wahrung der Konvention beklagt sich Clays Vater im Jimmy's über den Klavierspieler, der "September Song" spielt. Stattdessen solle er doch Weihnachtslieder spielen (*LZ*, 67). Der weitere Verlauf des Abends gestaltet sich ähnlich beklemmend wie er begann. Am Ende des Abends versucht Clay seiner Mutter "Merry Christmas" zu wünschen, "but the words just don't come out ..." (*LZ*, 68).

Die Furcht vor Kommunikation in *Less Than Zero* ist, wie die vorangegangenen Beispiele gezeigt haben, ein Leitmotiv des Romans. Niemand möchte dem Anderen begegnen, fürchtet er doch etwas von sich preiszugeben und damit gleichzeitig der Wirklichkeit unverstellt ins Auge sehen zu müssen. Doch Konflikt und offene Konfrontation werden konsequent vermieden. Stattdessen wird sich in konventionelle Rituale geflüchtet.

Dies ist nicht nur in Clays Umgebung der Fall. Auch wenn Clay sich an verschiedenen Stellen im Roman seiner Reflektion bedient und er im Gespräch mit Rip zaghaft Stellung gegen die grenzenlose Konsumgier der Gesellschaft bezieht (s.o.; *LZ*, 189-190), so ist auch bei Clay selbst der Wunsch nach Kommunikationslosigkeit vorhanden. So wie Holden Caulfield sich ein Refugium im Westen erträumt, in dem er als "deafmute" jenseits aller Kommunikation sein Leben fristen darf (*CR*, 178ff.), so projiziert Clay zum Ende des Romans seinen Fluchtwunsch auf eine Szene, die er im Fernsehen beobachtet:

Clay beschreibt dabei retrospektiv die Woche, bevor er Los Angeles wieder verlässt. Dabei erzählt er von einem Nachmittag, an dem er sich eine *television show* anschaut. In dieser Sendung tanzt eine große Menge an Teenagern vor einer Bildwand, auf der Musikvideoclips gespielt werden:

> There would be about a hundred teenagers dancing in front of a huge screen on which the videos were played; the images dwarfing the teenagers - and I would recognize people whom I had seen at clubs, dancing on the show, smiling for the cameras, and then turning and looking up to the lighted, monolithic screen that was flashing the images at them. Some of them would mouth the words to the song that was being played. But I´d concentrate on the teenagers who didn´t mouth the words; the teenagers who had forgotten them; the teenagers who maybe never knew them. (*LZ*, 194)

Die tanzende Menge ist Clays Spiegelbild, sie reflektiert - medial - Clay selbst. Clay wird an dieser Stelle selbst zum *screen*, zum "Simulant auf den elektronischen Oberflächen der Simulationen", wie Bolz es formuliert.[98] Er verschmilzt mit der tanzenden Menge, löst sich in ihr auf. Clay versucht jedoch sich selbst zu erkennen, sich aus ihr herauszulösen. Denn Clays Blick auf die, die die Songtexte vergessen haben oder sie nie kannten, kann durchaus als - wenn auch verhaltener - Individuationswunsch verstanden werden: als Wunsch nach einem Neubeginn für sich selbst. Er ahnt jedoch, dass es diesen Neuanfang nicht einmal dann geben kann, wenn er die Stadt verlässt - zu perspektivlos ist sein Abschied (*LZ*, 207f.). Wie aussichtslos ein Neubeginn auch in New Hampshire für ihn wäre, ist offensichtlich, schließlich sind die Dinge nicht "... that different there" (*LZ*, 33). Der sehr verhaltene Optimismus, der in der Karussell-Szene von *The Catcher in the Rye* liegt, ist in *Less Than Zero* nur noch ein schales Gefühl der Sinnlosigkeit jedweder Entscheidung, eine Aporie - oder die Simulation einer Aporie.

Clays Begegnungen mit der einzigen Person, die ihm *per definitionem* professionelle Hilfe zukommen lassen müsste, seinem Psychiater, fallen trostlos aus. Nicht nur, dass diese Begegnungen bar jeglicher psychotherapeutischer Intervention sind, sie weisen stattdessen geradezu groteske Qualität auf.

---

[98] Bolz, *Eine kurze Geschichte des Scheins*, 104.

So fordert der namenlose Psychiater Clay auf, ihm bei der Anfertigung eines Drehbuchs zu helfen, was unter der Devise, dass Clay insgesamt aktiver werden sollte - so der Rat des Psychiaters - (*LZ*, 109), therapeutisch zunächst verständlich erscheinen mag. Andererseits überwiegt jedoch sehr deutlich der Eindruck, dass es dem Psychiater hierbei mehr um eine persönliche Wunschverwirklichung geht, nämlich die, ins Filmgeschäft einzusteigen. Die Absurdität dieses Sachverhalts liegt also in der vermutlich narzisstisch motivierten Bestrebung des Psychiaters, zu Ruhm zu gelangen und dabei einen seiner Patienten für dieses Ziel zu instrumentalisieren. Clay bleibt in dieser Sitzung nicht viel übrig als der obligate Blick aus dem Fenster (*LZ*, 109).

Ein Hinweis auf die konsumorientierte Ausrichtung des Psychiaters findet sich an anderer Stelle in Clays Beschreibung dessen äußeren Erscheinungsbildes. Der Psychiater trägt einen "... red V-neck sweater with nothing on underneath and a pair of cut-off jeans", außerdem ein "... gold necklace that hangs from his tan neck" (*LZ*, 122). Somit manifestiert sich im Erscheinungsbild des Psychiaters dessen Zugehörigkeit zu der obliquen Gesellschaft, die im Roman allgegenwärtig ist. So unterscheidet sich das Erscheinungsbild des Psychiaters nicht sehr von dem des Vaters, der sein Bewusstsein in erster Linie auf sein Aussehen richtet. Wie oben beschrieben, hört Clays Vater Rock-Musik (*LZ*, 42); der Psychiater hat sogar ein Titelblatt des Musikmagazins *Rolling Stone* - auf dem ironischerweise Elvis Costello abgebildet ist - an der Wand im Behandlungszimmer hängen (*LZ*, 122). Außerdem konsumiert er nach eigenem Bekunden den Musiksender MTV, der ein auf Jugendliche zugeschnittenes Programm von Musikvideoclips präsentiert. Der Psychiater ist also auch in denselben Codes verortet wie Clay und seine Bekannten, bei denen aktuelle Rockmusik eine wichtige Rolle spielt. Der Psychiater trägt die gleiche Kleidung, hört die gleiche Musik wie Clay und Seinesgleichen: nur noch formal, in seiner Rolle als Seelenarzt, hebt er sich somit von Clay ab. Diese Rolle scheint er allerdings nicht allzu ernst zu nehmen, wie aus seinen Hollywood-Ambitionen hervorgeht. Somit unterläuft der Psychiater die *per definitionem* asymmetrische Arzt-Patient-Beziehung, sie ist verkehrt in eine pseudo-symmetrische Beziehung.

Auf Clays Frage "What about me?" erwidert der Psychiater lapidar: "You´ll be fine", um auf Clays aufgeregte Wiederholung der Frage hinzuzufügen: "Come on, Clay, ... Don´t be so...mundane" (*LZ*, 123). Clay befindet sich also in einer Lage, in der er sich in die Hände eines Therapeuten begibt, dessen vorrangiges Interesse es ist, sich zunächst einmal selbst zu helfen. So lässt Clay an späterer Stelle seiner Enttäuschung und seinem Zorn konsequent freien Lauf, indem er die therapeutische Beziehung in rüder Weise telefonisch aufkündigt (*LZ*, 161-162).

Wo Holden Caulfield in *The Catcher in the Rye* wenigstens theoretisch Hoffnung haben kann, wenn sein Psychoanalytiker ihm auch Fragen stellt, die ihm unverständlich erscheinen (*CR*, 192), so haben Clay und sein Psychiater die Chance auf Therapie verwirkt.

Clays Einsamkeit wird auch an anderer Stelle deutlich. Clay beschreibt einige exemplarische Tage und Nächte, an denen es regnet. Er hält sich zu Hause auf und verbringt die Zeit weitgehend unter Drogeneinfluss in einem der Apathie ähnlichen Zustand. Außer der Lektüre der "film section" einer Zeitung beschreibt er keine bedeutsamen Aktivitäten (*LZ*, 114). Lediglich ein Bericht in der Zeitung über "houses falling, slipping down the hills in the middle of the night" (*LZ*, 114) erregt seine Aufmerksamkeit. Daraufhin bleibt er die Nacht über wach, "wired on coke" und in der irrigen Annahme, er könne das Haus vor dem Schicksal des Abstürzens bewahren (*LZ*, 114). Niemand steht ihm dabei zur Seite, geschweige denn setzt sich mit seinen Ängsten auseinander. Stattdessen erhält er anonyme Telefonanrufe, bei denen der Teilnehmer am anderen Ende der Leitung bis zu drei Minuten lang nichts sagt - Clay versichert: "I keep count" (*LZ*, 114). In einer Nacht bekommt er drei dieser Anrufe. Als Reaktion darauf zerschmettert er ein Glas an der Wand. Ernüchtert stellt Clay fest: "No one comes in to see what the sound was" (*LZ*, 115).

Es ist dabei belanglos, ob seine Schwestern, die tagsüber meist im Haus sind, anwesend sind oder nicht. Die eigentliche Aussage dieses Satzes ist, dass sich faktisch niemand für ihn und seine Verfassung interessiert. In der Indolenz der Anderen offenbart sich die Verlassenheit Clays: es bleibt ihm die obligate Einnahme von "twenty milligrams of Valium to come off the coke", doch verhilft ihm dies nicht zu Schlaf (*LZ*, 115). Letztlich versucht Clay sich abzulenken; einmal durch das Fernsehen, dann durch das Radio, daraufhin wiederum durch den Blick durchs Fenster (*LZ*, 115). Doch damit sind seine Mittel erschöpft.

Clays Hilflosigkeit - in Verbindung mit der Austauschbarkeit der ihm zur Verfügung stehenden Selbstablenkungsmanöver - unterstreicht Ellis wiederum mit dem Stilmittel des Polysyndeton in einer überwiegend parataktischen Syntax; ganze elfmal verwendet er "and" im vorletzten Satz des Abschnitts (*LZ*, 115).

Ein deprimierter, resignierter Clay kann sich an dieser Stelle nicht mehr klar an die Länge seines bisherigen Aufenthalts in Los Angeles erinnern; es bleibt ein Gefühl der inneren Verwirrung zurück, das sein äußeres Korrelat in der Fehlfunktion der Straßenampeln auf dem Sunset Boulevard hat: die Ampeln senden falsche Signale, wie Clay in einer der vorangegangen Regennächte festgestellt hat (*LZ*, 114-115).

Erst im übernächsten Abschnitt nimmt mit Clays Weinanfall auf der Toilette des Musikclubs After Hours das Gefühl der Ohnmacht Gestalt an, das sich angesichts der Leere und Tristesse der vergangenen Tage aufgestaut hat (*LZ*, 120).

Die Geschwindigkeit der Ereignisse um Clay herum nimmt von nun an rapide zu. Gleichzeitig lässt sich erkennen, wie Clay in den Strudel der ihn überflutenden Reize immer weiter hineingezogen wird.

An diesem Abend lernt Clay beiläufig ein Mädchen im After Hours kennen. Auf wenigen Zeilen - und wiederum parataktisch zugespitzt - lässt Ellis seinen Protagonisten dem - wiederum namenlosen - Mädchen nach Hause folgen. Die beiden schauen sich einander beim Masturbieren zu und verabschieden sich daraufhin nahezu wortlos (*LZ*, 120-122). Trotz Clays überwiegend aktivischer Schilderung der sexuellen Begegnung transportiert diese deutlich Clays Passivität und sein Ausgeliefertsein. Nicht zuletzt ist dieser Eindruck daraus zu gewinnen, dass Clay sich auf Geheiß des Mädchens sowohl aufrecht auf das Kopfende des Bettes setzt, als auch kommentarlos eine Sonnenbrille aufsetzt, sowie, ebenfalls auf Wunsch des Mädchens, Sonnenöl aufträgt (*LZ*, 121). Clays fremdbestimmte Handlungen in dieser bizarren, von gegenseitiger Fremdheit durchdrungenen Szene machen ihn in dieser Situation zum Objekt. Er ist Projektionsfläche für die massenmedial induzierten Wunschvorstellungen des Mädchens.

Interessanterweise variiert Ellis hier ein Motiv, das in der schönen Literatur gängig ist: Es ist dies das Motiv der tiefen Entfremdung, die der Protagonist im Rahmen einer sexuellen Begegnung erfährt. Hecken schreibt dazu:

... vom sexuellen Höhepunkt aus, diesem ansonsten gepriesenen Erlebnis außeralltäglichen Glücks, soll grundsätzlich die Fallhöhe zu einer tiefgehenden Depression markiert werden. Ihre klassische Formel findet die sexuelle Entfremdung im Diktum "post coitum omne animal triste", nach dem Rausch das alltägliche Grau. Immerhin ist damit noch ein Nacheinander von Euphorie und Niedergeschlagenheit angezeigt, auch wenn erste Indizien für das, was kommen muß, bereits vorher sichtbar werden können.[99]

Ellis variiert hier dieses Motiv in der Form, als dass es weder zum Koitus kommt, noch igendeine Art präkoitaler Euphorie erlebt wird. Damit illustriert er die tiefe Entfremdung, die besteht, ohne dass es vorher überhaupt zu einer gegenseitigen Nähe gekommen ist. Insofern steht die Variation des Motivs sinnbildlich für den allgegenwärtigen Modus der sozialen Beziehungen, wie Clay und seine Clique ihn leben. War das Motiv der sexuellen Entfremdung in seiner ´klassischen´ Form geprägt von der Bedingung der Nähe, die der Entfremdung vorausgeht, so ist in der hier dargestellten Variation dessen die Zuspitzung zu Auflösungserschei-

---

[99] Hecken, Thomas. *Gestalten des Eros. Die schöne Literatur und der sexuelle Akt.* Westdeutscher Verlag, Opladen, 1997, 201.

nungen linearer emotionaler Vorgänge zu erkennen: alle Figuren sind einander fremd, emotionale Nähe ist ehedem nicht möglich. Es herrscht somit keine konstitutive Linearität emotionaler Prpzesse mehr vor: So ist es auch möglich, dass Clay und Blair an späterer Stelle eine lustvolle - wie in ihrer knappen Beschreibung als ebenso flüchtig markierte - sexuelle Begegnung haben, ohne dass eine signifikante Annäherung emotionaler Art stattgefunden hätte (*LZ*, 143).[100]

In Clays sexueller Begegnung mit dem namenlosen Mädchen manifestiert sich wiederum die Angst des Beobachters, sich in die Situation gestalterisch einzubringen. Resigniert lässt Clay Anweisungen über sich ergehen, sodass man nur noch von einer mechanisierten Sexualität - und damit ihrer Auflösung - sprechen kann. Das Paar erspart sich den Koitus aus unterschiedlichen, doch aus der gleichen Quelle gespeisten Motiven: das Mädchen aus ihrer Manipuliertheit, ihrer Reifiziertheit, heraus; Clay einerseits aus seiner resignativen Apathie, andererseits aus der verspürten emotionalen Fremde zueinander heraus.

Der Fetischcharakter, den Sonnenbrille und Sonnenöl hier innehaben, weist auf den Modus der Beziehung hin. Diese ist entfremdet und unterstreicht die Marx´sche Erkenntnis:

> Mit der Masse der Gegenstände wächst daher das Reich der fremden Wesen, denen der Mensch unterjocht ist und jedes Produkt ist eine neue *Potenz* des wechselseitigen Betrugs und der wechselseitigen Ausplünderung.[101]

Die Überflussgesellschaft steigert diese Entfremdung ins Unerträgliche. Clays Resignation gegenüber Blair sowie Clays Aggressionsphantasien am Ende des Romans deuten auch auf diese Entfremdung hin (*LZ*, 202ff.; 207).

---

[100] Stattdessen befinden sich die beiden lediglich auf einer von vielen Parties, auf der sie - wohl aus einer Laune heraus - sich ein "old XTC album" anhören (*LZ*, 143). Dies versetzt die beiden offensichtlich in die geeignete Stimmung. Es ist dies somit als Clays und Blairs gemeinsames regressives Bedürfnis zu verstehen, dass die beiden gleichzeitig sexuelles Verlangen verspüren.

[101] Marx, Karl. *Nationalökonomie und Philosophie* (1844). In: Negt, Oskar. *Marx*. Hg. Peter Sloterdijk. Deutscher Taschenbuch Verlag, München, 1998, 549.

Auch die untergründige Aggression, die Clay bisweilen verspürt, und die sich in seinen Gewaltphantasien ausdrückt, ist das Resultat entfremdeter Beziehungen. Marcuse beschreibt in diesem Zusammenhang schon 1968 in seinem Aufsatz "Aggressivität in der gegenwärtigen Industriegesellschaft" die moderne Industriegesellschaft als Überflussgesellschaft. Er bezieht sich dabei auf John Kenneth Galbraith, der in seinem gleichnamigen Werk die USA in der Zeit nach dem zweiten Weltkrieg als *The Affluent Society* (1958) definiert. Doch wird der technische Fortschritt, so Marcuse, nicht wirklich zur Verbesserung der Lebensbedingungen genutzt. Im Gegenteil: es werden die bestehenden Herrschaftsverhältnisse festgeschrieben und mittels Konsumzwängen verschleiert. Damit nimmt die Aggressionsneigung in der Überflussgesellschaft zu.[102]

So hält Denker mit Marcuse fest:

Alle Erlebnisse werden [in der Überflussgesellschaft] in die gleiche Dimension des Banalen eingeebnet.[103]

Dies gilt deutlich für die Gesellschaft um Clay: das Unmenschliche wird als normal wahrgenommen, wie sich anhand der im Roman dargestellten Grausamkeiten erkennen lässt. Der massenmediale Einfluss der (post-)industriellen Gesellschaft trägt zur Verstärkung dieser Aggressionsdynamik offenbar in erheblichem Maße bei.

Nach Marcuse wird außerdem in der erotisierten Werbung Libido aus der Bindung an Aggression ausgelöst. Somit wird Aggression isoliert, freigesetzt und von den Gesellschaftssubjekten in destruktiver Weise auf fremde Objekte verschoben.

Denker hält fest, dass aufgrund der

---

[102] Vgl. Marcuse, Herbert. "Aggression in der gegenwärtigen Industriegesellschaft". In: Marcuse, Herbert, Anatol Rapoport et al. *Aggression und Anpassung in der Industriegesellschaft*. Suhrkamp, Frankfurt am Main, 1970, 7-29.
[103] Denker, Rolf. *Aufklärung über Aggression. Kant-Darwin-Freud-Lorenz u.a.* W. Kohlhammer, Stuttgart, 1968, 77.

...vorwiegend technisch vermittelten Abreaktion von Aggression ... keine Befriedigung erreicht, sondern neue Frustration bewirkt [wird], die nach Wiederholung und Eskalation aggressiven Handelns drängt.[104]

So ist dieser Sachverhalt die Kehrseite des Gewinns an subjektiver Freiheit in der (post-)industriellen Gesellschaft, in der Clay sich befindet. Materiell stehen ihm alle Möglichkeiten der Selbstverwirklichung offen; nutzen kann er sie nicht.

Ahearn liefert unter Bezug auf Marcuse und Marx ein Erklärungsmodell:

As such writers as Herbert Marcuse ... have shown, the capitalist system has been extremely successful in subverting the realm of freedom created by the reduction in labor time. As "leisure time" it has become an arena for the creation and manipulation of gratifications (in entertainment, attire, travel, tourism, and so on).[105]

Der Weg zur Sinnfrage ist Clay jedoch verstellt. Die Unterhaltungsindustrie hat alle Sphären okkupiert. So ist Clay aller seiner Kräfte beraubt. Er unternimmt zum Ende des Geschehens nicht einmal mehr den Versuch, eine Vision seines zukünftigen Lebens zu entwerfen. Gegenüber Blair konstatiert er lediglich den Status quo: "Nothing makes me happy. I like nothing" (*LZ*, 205).

6.1. Clays Welterfahrung:
Zu Religion und Entropie in *Less Than Zero*

Befremdlich für Clay sind die medialen Begegnungen mit den religiösen TV-Sendungen, den *religious programs*. Clay kommentiert diese kaum, sondern beschreibt hauptsächlich, was er sieht. Die Prediger sind mittleren Alters, tragen Anzüge und "pink-tinted sunglasses"[106], warnen vor

---

[104] Denker, *Aufklärung über Aggression*, 78.
[105] Ahearn, Edward J. *Marx and Modern Fiction.* Yale UP, New Haven, 1989, 29.
[106] Steur hält fest, dass "pink" die Modefarbe der achtziger Jahre ist; er belegt dies an mehreren Beispielen (Steur, *Der Schein und das Nichts*, 137).

Schallplatten der Rockgruppe Led Zeppelin und skandieren "the young are the future of this country", während sie deren Schallplatten zerbrechen (*LZ*, 87). Die Gegenüberstellung von Idealisierung der Jugend und der Gewaltausübung seitens der Prediger entbehrt an sich schon nicht Ironie; gleichzeitig gewinnt sie vor dem Hintergrund des sich zuspitzenden Handlungsverlaufs eine besonders bittere Dimension. Auch Freese stellt fest:

> The [TV] program is ironically related to the novel's action when the worried preacher declares that he will go on fighting satanic rock music since it is detrimental to youth and "the young are the future of this country" (87).[107]

An anderer Stelle beschwört ein Fernsehprediger, die obligatorischen "pink-tinted sunglasses" tragend, den "Heavenly Father" in einer grellen Litanei (*LZ*, 140). Deren direkte Folgenlosigkeit für Clay veranlasst diesen, das restliche Kokain zu konsumieren, nachdem er nach eigener Aussage annähernd eine Stunde lang vor dem Fernseher ausgeharrt hat (*LZ*, 140). Steur stellt hierzu fest:

> Clay scheint zu glauben, daß irgendeine Form einer *face-to-face*-Kommunikation und Reziprozität möglich ist. Insofern kann diese Textstelle als ein ... Beleg dafür dienen, daß der Protagonist in seiner Wahrnehmung und Konstruktion von Wirklichkeit nicht zwischen fiktiver Realität und mediatisierter Realität unterscheiden kann und eine direkte Interaktion zwischen dem Medium Fernsehen und seiner Wirklichkeit für möglich hält.[108]

Dass Clay die Interaktion zwischen Fernsehen und Wirklichkeit für möglich hält, ist denkbar. Die Eindringlichkeit der Worte des Predigers ist offensichtlich, jedoch erscheint Clays Verharren vor dem Fernseher eher der Distanz seiner Beobachterhaltung zu entspringen denn der Überzeugung, an einer "*face-to-face*-Kommunikation" teilzuhaben. Seine Aussage "I wait for something to happen.... Nothing does" (*LZ*, 140) lässt sich durchaus auch als ironischer Kommentar auf die Bigotterie

---

[107] Freese, Peter. *From Apocalypse to Entropy and Beyond: The Second Law of Thermodynamics in Post-War American Fiction.* Verlag Die Blaue Eule, Essen, 1997, 455.
[108] Steur, *Der Schein und das Nichts*, 138.

der*televangelists* lesen. Diese scheuen sich nicht, ihr Anliegen im kommerziellen Fernsehen in nicht nur äußerlich modischer Anbiederung an ihr Publikum zu verbreiten - womöglich in der Überzeugung etwas Gutes zu tun. Die Botschaft, die ein *religious program* dieser Art Clay vermittelt, fällt insofern bei ihm auf fruchtbaren Boden, als dass diese seine Resignation noch verstärkt.

Dies spricht einerseits für eine Vermischung von Realitätsebenen, andererseits für Clays Reizdurchlässigkeit.[109] Auch ein verborgener, latenter Wunsch seitens Clay, Einsamkeit und Heimatlosigkeit zu überwinden, lässt sich darin erkennen. Die impliziten apokalyptischen Vorstellungen der Prediger scheinen Clay nicht allzusehr zu berühren.

Einzig der Satz "Let this be a night of Deliverance", den einer der Prediger spricht, hallt kurz darauf in Clays Gedanken nach (*LZ*, 140-141). Unter dem Eindruck dieses Satzes vermittelt er Blair im Restaurant Spago, dass sie wohl genug getrunken habe, worauf Blair die unübersehbar als Einmischung empfundene Maßregelung seitens Clay an sich abprallen lässt: "I am hot and thirsty and I will order what I fucking want" (*LZ*, 141).

Clays bezeichnenderweise mediale Begegnung mit der Religiosität in Form der Fensehprediger ist gekennzeichnet durch die Mutation der Figur des Geistlichen zum marktschreierischen Pharisäer eines techno-

---

[109] Dafür spricht auch, dass Clay am Abend zuvor in der Diskothek New Garage durch ein Fenster auf eine "huge cathedral with a large, almost monolithic lighted cross standing on the roof and pointing toward the moon" blickt (*LZ*, 139). Clay kommentiert diese Beobachtung nicht weiter. Deren bloße Nennung lässt allerdings eine gewisse Bedeutsamkeit vermuten, zumal die Kirche mitten im "business district" steht und sie somit ein fremdes, aber gleichzeitig assimiliertes Objekt in einer kommerziell gleichgeschalteten Umgebung darstellt. Damit ist sie Sinnbild für Clays eigene Position: ist Clay einerseits distanzierter Beobachter, so ist er andererseits doch assimiliert und konstitutiver Bestandteil seiner Umwelt. Als Dimitri, ein Bekannter Clays, nun in betrunkenem Zustand die Glasscheibe, durch die Clay hinaus auf die Kirche blickt, beschädigt und sich dabei an der Hand verletzt, stellt Clay keinerlei Verbindung zu seiner Beobachtung der Kirche her (*LZ*, 139-140). Es lässt sich also sagen, dass die Figur Clay in Verbindung mit religiösen Symbolen zwar Unbehagen empfindet, eine etwaige lineare Kausalität, die Clay als von religiösen Symbolen in Richtung nachfolgender Ereignisse ausgehend annehmen könnte, allerdings nicht erkennbar ist.

kratischen Konsumkapitalismus. Freese hält dazu fest, dass der Fernsehprediger, der verspricht, dass Jesus

...'will come through the eye of that television screen' (140) ... thereby involuntarily reveals that even the Christian message has been commercialized and trivialized by the mass media.[110]

In der Clay umgebenden Gesellschaft hat die Religion ihr geistiges Gepräge verloren. Die "Infantilisierung der Theologie", wie Postman dies nennt, ist hier vollendet. So wird via TV keinerlei ernsthafte Beschäftigung mit religiösen Fragen angeregt. Die inhaltliche Entkleidung ist auch hier erfolgt. So gibt es, wie Postman feststellt,

... kein Glaubensdogma, keine Terminologie, keine Logik, keinen Ritus und keine Tradition - nichts was den Verstand der Zuschauer beanspruchen könnte, von denen vielmehr nur verlangt wird, auf das Charisma des Predigers zu reagieren.[111]

Vor dem Hintergrund von Clays Desillusioniertheit hinsichtlich religiöser Thematik gerät die christlich-abendländische Vorstellung von der Apokalypse ins Blickfeld, der Vorstellung des Weltuntergangs. Auch die damit verbundene Utopie einer besseren Welt durch die Verchristlichung des Diesseits, implizit eines Neuanfangs, wird von den Fernsehpredigern in ihren Sendungen transportiert. Diese - Simulationen der - in den Sendungen enthaltenen inhaltlichen Botschaften lassen sich somit als Überreste eschatologischer Wertsetzungen verstehen; sie sind Ausstülpungen der Lehre der letzten Dinge in ihrer banalsten, kommerzialisiertesten Form. Inhaltlich bleiben sie dennoch Ausgeburten des eschatologischen Paradigmas.

Dieses eschatologische Paradigma wird im 20. Jahrhundert vom naturwissenschaftlich-säkularen Entropie-Konzept abgelöst.

Das Konzept der Entropie entstammt der Physik. Entropie stellt eine physikalische Größe dar, die sich als "diejenige Größe, die die Richtung

---

[110] Freese, *From Apocalypse to Entropy and Beyond*, 455.
[111] Postman, *Das Verschwinden der Kindheit*, 133.

von irreversiblen Zustandsänderungen festlegt ...."[112] definiert. Der zweite Hauptsatz der Thermodynamik besagt nun,

...daß bei reversiblen Zustandsänderungen in einem abgeschlossenen System die Gesamtentropie konstant bleibt ..., wogegen bei irreversiblen Zustandsänderungen die Gesamtentropie im abgeschlossenen System stets wächst. Sie kann jedoch nie abnehmen.[113]

In Anlehnung an Freese erklärt Möllers dazu:

Nach dem Zweiten Hauptsatz der Thermodynamik steuert die Welt unumkehrbar auf einen Zustand maximaler Entropie zu .... Die Erde ist im Verhältnis zum Universum ein geschlossenes System. In einem solchen resultiert ... aus der Umwandlung von Energie in einen anderen Zustand ein Verlust an verfügbarer Energie, die für jegliche Art von Arbeit - die Umwandlung von Natur in Produktion - genutzt werden könnte. Dieser Vorgang wird als Entropie im Sinne einer Maßeinheit bezeichnet, und zwar jener Energiemenge, die nicht mehr in Arbeit umgewandelt werden kann. Eine Zunahme an Entropie bedeutet demnach, daß die verfügbare Energie abnimmt, bis die Entropie ihren maximalen Grad in einem Gleichgewichtszustand erreicht hat, in dem alle Energie gebunden ist, weil alle Energieunterschiede aufgehoben sind.[114]

Das Entropie-Konzept wurde von weiten Kreisen der wissenschaftlichen und künstlerisch-literarischen Intelligenz rasch rezipiert. Besonders in der amerikanischen Nachkriegsliteratur wurde es in starkem Maße als Motiv verarbeitet. Tiefenpsychologisch betrachtet weist die Verwendung des naturwissenschaftlichen Konzepts Entropie als literarischem Motiv durchaus Ähnlichkeit zur kollektiven Vorstellung einer Apokalypse auf, insofern, als dass anzunehmen ist, dass es aus ähnlichen kollektiven (Destruktions-)Phantasien gespeist wird, nur vor unterschiedlichen theoretischen, kulturhistorisch bedingten, Hintergründen.

Das Entropie-Konzept - und die damit vielfach missverstandene konkretistische Vorstellung eines "ultimate heat-death" [115] - als Paradigma konkurriert somit mit der christlich-abendländischen Vorstellung von der

---

[112] Trautwein, Alfred, Uwe Kreibig, Erich Oberhausen.*Physik für Mediziner, Biologen, Pharmazeuten*. Walter de Gruyter, Berlin, 1983, 167.
[113] Trautwein et al., *Physik für Mediziner, Biologen, Pharmazeuten*, 168.
[114] Möllers, *A Paradise Populated with Lost Souls*, 358.
[115] Freese, *From Apocalypse to Entropy and Beyond*, 12.

Apokalypse. Diese beiden Konzepte sind gewissermaßen, wie Freese feststellt, "conflicting paradigms of 'the End' ...".[116]

Die Vorstellung einer kataklysmischen Vernichtung ist vor dem Hintergrund ihrer häufigen Verwendung in der amerikanischen Literatur von besonderer Bedeutung. Das Ausmaß der Verarbeitung des Entropie-Konzepts erkennt Freese in

> ... a slowly but steadily increasing number of post-war American novels and stories which make use of the Second Law of Thermodynamics, sometimes only referring to it in passing, but at other times knowledgeably metaphorizing it into a kind of leitmotif for their fictional projections and cultural diagnoses.[117]

Ein Beispiel letzterens ist Thomas Pynchons *The Crying of Lot 49*. Aber auch so unterschiedliche Autoren wie John Updike, Ken Kesey, William Gass, Stanley Elkin und Don DeLillo haben von diesem Motiv Gebrauch gemacht, wie Freese feststellt.[118] Entropie als Motiv taucht jedoch auch schon vor dem zweiten Weltkrieg in der amerikanischen Literatur auf. So stellt William Gaddis 1987 in einem Interview zu seinem Roman *JR* im *Paris Review* fest, dass bereits in den dreißiger Jahren in Nathanael Wests *Miss Lonelyhearts* das Entropie-Motiv Verwendung findet.[119]

Dies ist insofern von Bedeutung, als dass die Entropie-Vorstellung somit nicht genuin ein Nachkriegsprodukt der amerikanischen Literatur ist. So sieht Freese im "Valley of Ashes" in *The Great Gatsby* "an early imaginative evocation of an entropic wasteland instead of relating it, as literary critics are wont to do, to T.S. Eliot's influential poem".[120] Er belegt dies an Aussagen Fitzgeralds in dessen autobiographischen Aufzeichnungen *The Crack-Up* (1936) an genannter Stelle.

---

[116] Freese, *From Apocalypse to Entropy and Beyond*, 12.
[117] Freese, *From Apocalypse to Entropy and Beyond*, 14.
[118] Freese, *From Apocalypse to Entropy and Beyond*, 18.
[119] Abádi-Nagy, Zoltán. "The Art of Fiction CI: William Gaddis" (Interview). *Paris Review*, 29, 105 (1987), 66.
[120] Freese, *From Apocalypse to Entropy and Beyond*, 175.

Das Entropie-Motiv taucht in *Less Than Zero* an verschiedenen Stellen auf. Es manifestiert sich in Clays Beobachtungen auch nur schemenartig, nämlich weitgehend indirekt in Form der engeren, konkretistischen Bedeutung des Begriffs: etwa als Phänomen einer brennenden, destruktiven Sonne; hier über der Megalopolis Los Angeles. In Form der weiteren Bedeutung des Begriffs - Chaos und Unordnung - ist es im Roman dennoch auch vorhanden. Hieran ist in Bezug auf den Beobachter Clay bedeutsam, dass dieser als Protagonist Unordnung beispielsweise in Form seiner eigenen, ihm selbst mysteriös erscheinenden Faszination von Autounfällen wahrnimmt. Damit einhergehend ist sein hohes Angstpotential, das verschiedene Ausprägungen aufweist und daher ebenfalls auf gestörte psychosoziale Strukturen hinweist. Clay referiert meist Auflösungserscheinungen, die einen durchaus endzeitähnlichen Charakter besitzen.

So beschreibt Clay im dritten *memory*-Kapitel Weihnachten mit seinen Großeltern in Palm Springs. In dieser Schilderung liegt ein Ausgangspunkt des Entropie-Motivs. Dieses wird im Verlauf des Romans immer wieder aufgenommen und spitzt sich zum Schluss hin zu. Clay beschreibt die unerträglich herrschende Hitze:

Christmas in Palm Springs. It was always hot. Even if it was raining, it was still hot. ... No one wanted to believe that it could get as hot as it had become; it was simply impossible. ...I´d look across the desert and a hot wind would whip into my face and the sun would glare down so hard that my sunglasses couldn´t keep the shine away and I´d have to squint to see that the metal grids in the crosswalk signs were twisting, writhing, actually melting in the heat ... (LZ, 68-69)

Auch die Nächte beschreibt Clay als unerträglich heiß; außerdem bleibt es länger hell als um diese Jahreszeit üblich: "*It would still be light at seven and the sky would stay orange until eight ...*" (*LZ*, 69). In dieser Stimmung gerät Clays Blick in den Spiegel zu einer Reflektion, der er ausweichen muss (*LZ*, 69). Für die Insekten, die im Swimmingpool zu Grunde gehen, ist das Wasser, und somit der Tod, die einzige Rettung, denn sie sind - in Clays antropomorpher Beschreibung - "*driven mad by the insane heat*" (*LZ*, 69). So sind auch die "*hot winds*" als Vorboten des alles überziehenden Unheils zu verstehen; diese Wüstenwinde "*would come through the canyons and filter out over the desert*". Sie unterstreichen somit die Lebensfeindlichkeit der ohnehin schon unwirtlichen, von Menschenhand mühsam erschlossenen Gegend um Palm Springs (*LZ*, 69). Geräusche in der Nacht, die auch Clays Großvater bemerkt, lassen den Hund die ganze Nacht über anschlagen. Allein mit einer leeren Zigarettenschachtel, die Clay am nächsten Morgen am Pool findet, lässt sich die übermäßige nächtliche Reaktion des Hundes jedoch nicht erklären; instinktiv scheint der Hund Veränderungen in der Umgebung wahrzunehmen: "... it [der Hund]*would look freaked out, its eyes wide, panting, shaking ...*" (*LZ*, 70).

Im vierten *memory*-Kapitel beschreibt Clay, wie er ein brennendes Autowrack in der Wüste beobachtet. Er entwickelt Visionen von einem "*kid burning, melting, on the engine*" (*LZ*, 76), und beginnt eine Zeit lang Zeitungsartikel über bizarre Gewalttaten zu sammeln (*LZ*, 77).

Zeitgleich zur Zuspitzung der Rahmenhandlung - auf dem Weg ins Hotel Saint Marquis, in dem Clays Freund Julian sich prostituiert - beschreibt Clay die Nachmittagssonne als "huge and burning, an orange monster" und hebt damit die Unerbittlichkeit eines unabwendbaren Prozesses hervor (*LZ*, 172).

Bereits retrospektiv erzählt, ist an anderer Stelle die Sonne "gigantic, a ball of fire" (*LZ*, 195), sodass die zerstörten Autos, die nächtens vom Mulholland Drive abkommen und in den Canyon stürzen, und die Clay und Rip von der Straße aus betrachten, "almost obscene in the glittering sunshine" erscheinen (*LZ*, 194). Einmal mehr wird an dieser Stelle die Verbindung von Tod und Verderben zur Sonne hergestellt, und wiederum tritt die Unausweichlichkeit dieses Sachverhalts im direkt darauf folgenden Dialog zu Tage. Rip erklärt Clay, dass man in ruhigen Nächten den Aufschlag der in den Canyon stürzenden Autos hören kann, und ebenso, gelegentlich, die Schreie der Unfallopfer. Rips Beschreibung überzeugt Clay erst mit der Bestätigung durch die unwirtliche Natur:

And standing there on the hill, overlooking the smog-soaked, baking Valley and feeling the hot winds returning and the dust swirling at my feet and the sun, gigantic, a ball of fire, rising over it, I believed him. (*LZ*, 195)

So begeben sich Rip und Clay wieder ins Auto, und Rip schlägt eine Straße ein, von der Clay überzeugt ist, dass sie eine Sackgasse ist. So stellt Clay letztendlich die Frage, die das Ausmaß der Unordnung verdeutlicht, in der er sich befindet. Diese Unordnung bezieht sich einerseits auf das Weltgefüge, als auch auf den Protagonisten selbst:

"Where are we going?" I asked
"I don´t know," he said. "Just driving."
"But this road doesn´t go anywhere," I told him.
"That doesn´t matter."
"What does?" I asked, after a little while.
"Just that we´re on it, dude," he said. (*LZ*, 195)

Im letzten Abschnitt von *Less Than Zero* beschreibt Clay wiederum retrospektiv Bilder und Eindrücke, die ihm lange Zeit im Gedächtnis haften bleiben (*LZ*, 208). Wieder sind dies Bilder bizarrer Gewalt, die er in Bezug auf einen Song names "Los Angeles" assoziativ aneinander reiht:

The images I had were of people being driven mad by living in the city. Images of parents who were so hungry and unfulfilled that they ate their own children. Images of people, teenagers my own age, looking up from the asphalt and being blinded by the sun. (*LZ*, 207-208)

Auch an dieser Stelle hat die Sonne keinen lebensfreundlichen Charakter; stattdessen blendet sie die Protagonisten und erodiert ihre Strukturen.

An einer Stelle im Roman wird der Protagonist Clay mit dem Bild der Entropie direkt konfrontiert. Im Einkaufs- und Vergnügungszentrum Beverly Center, einer jener Fluchtburgen aus der Tristesse des Alltags, treffen Clay und Trent nach einem Kinobesuch eine Bekannte namens Ronnette (*LZ*, 101). Inmitten einer belanglosen Unterhaltung im Auto erzählt Ronnette von einem Traum:

I had this dream, see, where I saw the whole world melt. I was standing on La Cienega and from there I could see the whole world melt and it was melting and it was just so strong and realistic like. And so I thought, Well, if this dream comes true, how can I stop it, you know? (*LZ*, 103)

Hier begegnet Clay dem Entropie-Bild in seiner expliziten Form. Er kommentiert Ronnettes Traum nicht, sondern nickt zunächst einmal nur (*LZ*, 103). Daraufhin fährt Ronnette fort:

How can I change things, you know? So I thought if I, like pierced my ear or something, like alter my physical image, dye my hair, the world wouldn´t melt. So I dyed my hair and this pink lasts. I like it. It lasts. I don´t think the world is gonna melt anymore. (*LZ*, 103)

Obwohl Clay "not too reassured by her tone" ist, scheint er Ronnette beipflichten zu wollen: "... and I can´t believe I´m actually nodding my head" (*LZ*, 103).

Clays diffuse Haltung, die in der Reflektion auf seine eigene Reaktion zum Ausdruck kommt, deutet auf seine Verunsicherung hin. Er wird Zeuge einer Aussage, die ein Additiv zu seiner ohnehin schon vorhandenen Verstörung darstellt. Dass Clay intuitiv Zweifel an der von Ronnette in hybrider Selbstzentriertheit zur Schau gestellten Wirkmachtsphantasie hegt, ist naheliegend.[121] Dass ihn dennoch die Vorstellung vom Weltuntergang in Form eines mit großer Hitze verbundenen Schmelzvorgangs nicht unbeeindruckt lässt, manifestiert sich in seinem reflexartigen Kopfnicken. Seine gedankliche Reflektion auf dieses Kopfnicken kann dabei als nachträgliches Rationalisieren seiner Angst verstanden werden, einer Angst, die sich *mutatis mutandis* an anderer Stelle im Roman an Bilder von Unfällen und Unglücken knüpft (*LZ*, 192ff.).

Clay und Trent setzen Ronnette ab. Clay erwähnt: "We pass the billboard on Sunset. Disappear Here. Wonder if he´s for sale" (*LZ*, 103). Offenbar ist vor dem Hintergrund der seltsamen Begegnung mit

---

[121] Möllers weist auf den in der beschriebenen Gesellschaft vorherrschenden narzisstischen Charakter hin, "der sich selbst als Mittelpunkt jedweden Geschehens begreift" (Möllers, *A Paradise Populated with Lost Souls*, 442.). Ronnette ist ein Beispiel für einen derartigen Charaktertypus.

Ronnette das *billboard* eine Bestätigung für Clays Angst, die er allerdings eher resigniert zur Kenntnis nimmt.

Es erscheinen im Roman immer wieder Verbildlichungen von Entropie. Obwohl diese verstreut auftauchen, hinterlassen sie doch untergründige Spuren im Beobachter Clay. Dieser nimmt die Eindrücke in dieser, wie Freese es nennt, "urban hell" [122] auf, aber lässt sie meist unkommentiert stehen.

So kämpft auch der Koyote, den Clay auf einer Autofahrt mit Blair versehentlich anfährt, einen aussichtslosen Kampf gegen die erbarmungslose Sonne. Emotionslos beschreibt Clay, was er sieht: "I watch it [den Koyoten] start to die beneath the sun" (LZ, 143).

Die entropische Szenerie selbst - nicht allein an dieser Stelle - durchzieht etwas Unheimliches, Beängstigendes. So unterstreicht Freese für den ganzen Roman:

> It is one of the genuine achievements of Ellis that the whirl of interrelated ´clips´ which make up his novel is so surreal that it achieves the frightening impact of authenticity and truth.[123]

Die Bilder eines Hitze-Todes, resp. der Auflösung geordneter Strukturen, sind als an das thermodynamische Konzept von Entropie gekoppelt zu verstehen. Dennoch durchzieht das Entropie-Konzept den Roman nicht nur im thermodynamischen, sondern auch im informationstheoretischen Sinn, indem, wie Freese feststellt,

> ... it effects an insidious reduction of communicable information. The numerous dialogues between Clay and his friends never become real exchanges of ideas and opinions, but constitute instead frightening examples of the speechlessness of an almost autistic generation living in a world in which true meaning has long been buried under the relentless onslaught of never-ceasing but useless ´information´.[124]

---

[122] Freese, *From Apocalypse to Entropy and Beyond*, 456.
[123] Freese, *From Apocalypse to Entropy and Beyond*, 456.
[124] Freese, *From Apocalypse to Entropy and Beyond*, 457.

So ist Clays einsame Welterfahrung zum einen äußerst eindringlich insofern, als dass er Auslöschung und Auflösung im thermodynamisch-entropischen Sinn erlebt. Zum anderen - im informationstheoretisch-entropischen Sinn - ist Clays Welterfahrung selbst im Prozess des Sich-Auflösens begriffen. "You can disappear here without knowing it", resümiert Clay, als er zum Ende des Romans beobachtet, wie sein Freund Julian sich verkauft (*LZ*, 176).

Clays Beobachtung wirft sich auf sich selbst zurück. Clay ist als Beobachter der sich auflösenden Strukturen gleichzeitig Beobachter seiner selbst: beobachtendes Subjekt und beobachtetes Objekt zugleich. Clay ist selbst Teil der entropischen Auflösungserscheinungen, die er wahrnimmt.

7. Abschließende Bemerkungen

Einer der wichtigsten Aspekte des Amerikanischen Traums war die Möglichkeit, die bedrohte persönliche Freiheit jederzeit durch ein Hinausziehen in die unbesiedelten und freien Landstriche des Westens wiederzugewinnen, sich an die alle Entfaltungsmöglichkeiten bietende *frontier* zu begeben, das zu tun, was Huck Finn mit den Worten "to light out for the Territory" bezeichnet; und es ist ein Hinweis für die Kraft und die Faszination dieser Idee, daß nach der Schließung der geographischen Grenze zunächst die *open frontier of opportunity* und dann, in der Gegenwart, die *open frontier of space* an ihre Stelle trat.[125]

Dieser Traum erscheint, zumindest für den Beobachter des ausgehenden 20. Jahrhunderts, ausgeträumt.

Der Beobachter Clay befindet sich in einem Los Angeles der achtziger Jahre, das die Apotheose der westlichen Konsumgesellschaft gründlich vollzogen hat. Unermeßliche Hybridität und Selbstinszenierung dokumentieren eine zerfallenene Gesellschaft, deren Kinder Normen und Werte gedanken- und kritiklos adaptiert haben. Rebellionsversuche mögen sich zwar hin und wieder andeuten: der Drogenrausch erstickt diese alsbald im Keim. Die überprivilegierten Jugendlichen der Wohlstandsgesellschaft der skizzierten Epoche verbringen ihr Leben mit jeder denkbaren Art von Ablenkung und Unterhaltung; in folgerichtiger Zuspitzung ergehen sie sich meist reflektionslos, oft zynisch, in allen erdenklichen Grausamkeiten.

In dieser exzessiven Gesellschaft befindet sich Clay. Er wird zum teilnehmenden, doch einsamen Beobachter. In dieser Welt gibt es für Clay keinen Entwicklungsprozess: Ansätze seiner Selbsterkenntnis sterben rasch ab, so sie denn überhaupt gedacht werden. So ist Clays Los Angeles-Aufenthalt durch Hoffnungslosigkeit, durch Leere und Ennui gekennzeichnet, die der er als Beobachter nicht aufzubrechen vermag.

---

[125] Freese, *Die Initiationsreise*, 161.

Wo der Protagonist Nick Gatsbys Parties noch genießen kann und von dessen träumerisch-romantischer Haltung nicht ungerührt bleibt, zeichnet Holden Caulfield schon ein erheblich differierendes Bild von seiner Umwelt. Von Optimismus ist in Holdens subjektiver Welt nichts zu spüren. Er weicht zurück vor der Gesellschaft und phantasiert sich als "Catcher in the Rye", oder in die Hütte in den Bergen, dem Ort, an dem er jeglicher Kommunikation entsagen kann.

Wo Huck Finn noch sein Floß, Nick den mittleren Westen, Holden seine Phantasien als Refugium hat, bleibt Clay in *Less Than Zero* nichts von alledem. In einer Welt der Simulation ergeben sich für ihn keine Auswege nach draußen. Clay hat dieser Welt nichts entgegenzusetzen: er ergibt sich dem Simulakrum. Er ergibt sich äußerer und innerer Leere, unfähig zu Abgrenzung und Veränderung. Jede Visionsfähigkeit des Protagonisten ist verloren gegangen, analog zur skizzierten Gesellschaft. Visionen von Entropie sind die einzigen, die diese noch hervorbringen kann.

Hatte Fitzgerald in *The Great Gatsby* seine Charaktere das Leid des ersten, mechanisierten, Weltkrieges rasch verdrängen lassen und Extravaganzen des *Jazz Age* in deren Kompensationshaftigkeit dargestellt, so zeigt sich in Salingers *The Catcher in the Rye* , dass die abermalige Verdrängung nach einem weiteren Weltkrieg teuer erkauft ist. Holdens Entfremdung mag einerseits das Produkt seiner Konfrontation mit der Erwachsenenwelt sein: sie würde damit einen beschwerlichen, aber notwendigen Entwicklungs- und Abgrenzungsprozess darstellen. Andererseits mag man, die Romane diachron betrachtet, auch eine Linearität im Sinne einer fortschreitenden Zuspitzung der Welterfahrung der Protagonisten feststellen - Holdens Entfremdung könnte man dann als Metapher für einen weiteren Schritt des fortschreitenden Niedergangs der Konsumgesellschaft lesen, der in Clays Visionen von Unordnung und Auflösung seinen vorläufigen Höhepunkt erreicht.

Es lässt sich festhalten, dass *The Great Gatsby* als ein zentrales Thema die Entwicklung der Nebenfigur Nick hat. Kann dieser zunächst nicht zwischen Schein und Sein - exemplarisch an der Figur Gatsby - differenzieren, muss er doch die Erfahrung machen, dass Gatsby den Schein zum Sein zu machen versucht und daran scheitert. Nick erfährt auf seiner Suche, dass die Vergangenheit nicht wiederholt werden kann und das die naiv-idealistische Haltung Gatsbys von Anfang an zum Scheitern verurteilt war. Nick erfährt also eine Desillusionierung, wobei gleichzeitig seine eigene Zukunft im Dunkeln liegt.

Konstitutiv für Nicks Erkenntnisprozess ist die Tatsache, dass Nick die Chance hat, Schein und Sein unterscheiden zu lernen. Schein und Sein müssen dazu voneinander trennbar sein. Dies ist in *The Catcher in the Rye* bereits nicht mehr so deutlich gegeben; zu sehr steuert die Nachkriegsgesellschaft auf die Ikonolatrie der Konsumgesellschaft - und in der Folge auf deren Aufgang in der Simulation - am Ende des Jahrhunderts hin. Der Protagonist Clay in *Less Than Zero* befindet sich in dieser Welt, in der Schein und Sein in einer Hyperrealität verschmolzen sind. Daher ist es für Clay nahezu unmöglich, einen glaubhaften Entwicklungsprozess zu durchlaufen.

Es bleibt offen, ob die Zukunft neue Erkenntnisräume hervorbringen kann, in denen ein zukünftiger Beobachter wieder Gelegenheit hat, einen Entwicklungsprozess zu durchlaufen, wenn er schon nicht die 'Lebensimmanenz des Sinns' wiedergewinnen kann. Folgt man Kluge, ist dies im 'Informationszeitalter' allerdings kaum denkbar:

Man wird die ich-ersetzende Funktion etablierter Medien erst bemerken können, wenn sie ihre Herrschaft schon ergriffen haben, also immer zu spät.[126]

---

[126] Kluge, Alexander. "Die Macht der Bewußtseinsindustrie und das Schicksal unserer Öffentlichkeit". In: Bismarck, Klaus von, Alexander Kluge, Ferdinand Sieger. *Industrialisierung des Bewußtseins*. München, 1985, 54.

8. Literaturverzeichnis

Abádi-Nagy, Zoltán. "The Art of Fiction CI: William Gaddis" (Interview). *Paris Review*, 29, 105 (1987).

Adorno, Theodor W., Max Horkheimer. *Dialektik der Aufklärung*. Amsterdam, 1947.

Ahearn, Edward J. *Marx and Modern Fiction*. Yale University Press, New Haven, 1989.

Barth, John. *Lost in the Funhouse. Fiction for Print, Tape, Live Voice*. Doubleday, New York, 1988.

Baudrillard, Jean. *Agonie des Realen*. Übers. Lothar Kurzawa, Volker Schaefer. Merve, Berlin, 1978.

Baudrillard, Jean. *Simulacres et simulation*. Galilée, Paris, 1981.

Bolz, Norbert. *Eine kurze Geschichte des Scheins*. Wilhelm Fink Verlag, München, 1991.

Bruccoli, Matthew J. (ed.). *New Essays on The Great Gatsby*. Cambridge University Press, Cambridge, 1985.

Chapman, Robert L. (ed.). *American Slang*. Harper & Row Pub., New York, 1987.

Denker, Rolf. *Aufklärung über Aggression. Kant-Darwin-Freud-Lorenz u.a.* W. Kohlhammer, Stuttgart, 1968.

Ellis, Bret Easton. *Less Than Zero*. Penguin Books, New York, 1986.

Fine, David (ed.). *Los Angeles in Fiction*. University of Mexico Press, Albuquerque, 1995.

Finkelstein, Sidney. *Existentialism and Alienation in American Literature*. New York, 1965.

Fitzgerald, Francis Scott. *The Great Gatsby*. Penguin Books, London, 1950.

Freese, Peter. *Die Initiationsreise. Studien zum jugendlichen Helden im modernen amerikanischen Roman*. Stauffenburg Verlag, Tübingen, 1998.

Freese, Peter. ´America´. Dream or Nightmare? Reflections on a Composite Image. 2nd, revised and enlarged edition. Verlag Die Blaue Eule, Essen, 1991.

Freese, Peter. From Apocalypse to Entropy and Beyond: The Second Law of Thermodynamics in Post-War American Fiction. Verlag Die Blaue Eule, Essen, 1997.

Freese, Peter. "Bret Easton Ellis, Less Than Zero: Entropy in the ´MTV Novel´?" In: Nischik, Reingard M., Barbara Korte (ed.). Modes of Narrative. Approaches to American, Canadian and British Fiction. Königshausen & Neumann, Würzburg, 1990.

French, Warren. J.D. Salinger. Twayne Publishers, New York,1963.

French, Warren. J.D. Salinger, Revisited. Twayne Publishers, Boston, 1988.

Freud, Anna. Das Ich und die Abwehrmechanismen. Fischer, Frankfurt am Main, 1996.

Galloway, David. The Absurd Hero in American Fiction. 2nd rev. ed. University of Texas Press, Austin, 1981.

Hauptwerke der amerikanischen Literatur. Zs.gestellt v. Henning Thies. Kindler, München, 1995.

Hecken, Thomas. Gestalten des Eros. Die schöne Literatur und der sexuelle Akt. Westdeutscher Verlag, Opladen, 1997.

Höss, Tilman. F. Scott Fitzgerald. Die Philosophie des Jazz Age. Verlag Peter Lang, Frankfurt am Main, 1994.

Huonder, Eugen. The Functional Significance of Setting in the Novels of Francis Scott Fitzgerald. Verlag Herbert Lang, Bern, Frankfurt am Main, 1974.

Jameson, Fredric. "Postmoderne - zur Logik der Kultur im Spätkapitalismus". Übers. Hildegard Föcking, Sylvia Klötzer. In: Huyssen, Andreas, Klaus R. Scherpe (Hg.). Postmoderne - Zeichen eines kulturellen Wandels. Rowohlt, Reinbek, 1989.

Janus, Ludwig. Wie die Seele entsteht. Deutscher Taschenbuch Verlag, München, 1993.

Kazin, Alfred. Der amerikanische Roman. Overseas Editions Inc., New York, 1942.

King, Richard. "The Eighties". In: Bradbury, Malcolm, Howard Temperley (eds.). *Introduction to American Studies*. 2nd edition. Longman, Harlow, 1989.

Kluge, Alexander. "Die Macht der Bewußtseinsindustrie und das Schicksal unserer Öffentlichkeit". In: Bismarck, Klaus von, Alexander Kluge, Ferdinand Sieger. *Industrialisierung des Bewußtseins*. München, 1985.

Lee, A. Robert (ed.). *Scott Fitzgerald: The Promises of Life*. Vision Press, New York, 1989.

Lehan, Richard. *The Great Gatsby. The Limits of Wonder*. Twayne Publishers, New York, 1995.

Levy-Strauss, Claude. *Das wilde Denken*. Suhrkamp, Frankfurt am Main, 1968

Lukács, Georg. *Die Theorie des Romans. Ein geschichtsphilosophischer Versuch über die Formen der großen Epik*. Deutscher Taschenbuch Verlag, München, 1994.

Marcuse, Herbert. "Aggression in der gegenwärtigen Industriegesellschaft". In: Marcuse, Herbert, Anatol Rapoport et al. *Aggression und Anpassung in der Industriegesellschaft*. Suhrkamp, Frankfurt am Main, 1970.

Marx, Karl. *Nationalökonomie und Philosophie* (1844). In: Negt, Oskar. *Marx*. Hg. Peter Sloterdijk. Deutscher Taschenbuch Verlag, München, 1998.

Mizener, Arthur (ed.). *F. Scott Fitzgerald: A Collection of Critical Essays*. Prentice-Hall, Englewood Cliffs, NJ, 1963.

Möllers, Hildegard. *A Paradise Populated with Lost Souls: Literarische Auseinandersetzungen mit Los Angeles*. Verlag Die Blaue Eule, Essen, 1999.

Piaget, Jean. *Das Weltbild des Kindes*. Klett-Cotta, Stuttgart, 1978.

Postman, Neil. *Das Verschwinden der Kindheit*. Übers. Reinhard Kaiser. Fischer, Frankfurt am Main, 1996.

Resch, Franz. *Entwicklungspsychopathologie des Kinder- und Jugendalters*. Beltz/PVU, Weinheim, 1996.

Rimmon-Kenan, Shlomith. *Narrative Fiction. Contemporary Poetics*. Routledge, London, 1983.

Salinger, Jerome David. *The Catcher in the Rye*. Penguin Books, London, 1994.

Salzberg, Joel (ed.). *Critical Essays on Salinger's The Catcher in the Rye.* G.K.Hall & Co., Boston, 1990.

Salzman, Jack (ed.). *New Essays on The Catcher in the Rye.* Cambridge University Press, Cambridge, 1991.

Schönau, Walter. *Einführung in die psychoanalytische Literaturwissenschaft.* J.B. Metzler, Stuttgart, 1991.

Schramke, Jürgen. *Zur Theorie des modernen Romans.* München, 1974.

Schultz-Hencke, Harald. *Der gehemmte Mensch.* Thieme, Stuttgart, 1973.

Stern, Milton R. *The Golden Moment. The Novels of F. Scott Fitzgerald.* University of Illinois Press, Urbana, 1970.

Steur, Horst. *Der Schein und das Nichts. Bret Easton Ellis' Roman Less Than Zero.* Verlag Die Blaue Eule, Essen, 1994.

Trautwein, Alfred, Uwe Kreibig, Erich Oberhausen. *Physik für Mediziner, Biologen, Pharmazeuten.* Walter de Gruyter, Berlin, 1983.

Vaneigem, Raoul. *The Revolution of Everyday Life.* Trans. Donald Nicolson-Smith. Left Bank, Seattle, 1983.

Virilio, Paul. *Rasender Stillstand.* Übers. Bernd Wilczek. Fischer, Frankfurt am Main, 1998.

Vogt, Jochen. *Aspekte erzählender Prosa. Eine Einführung in Erzähltechnik und Romantheorie.* Westdeutscher Verlag, Opladen, 1990.

Way, Brian. *F. Scott Fitzgerald and the Art of Social Fiction.* Edward Arnold, London, 1980.

Wellek, Rene, Austin Warren. *Theory of Literature.* New York, 1942.

Whitley, John S. *F. Scott Fitzgerald: The Great Gatsby.* Edward Arnold, London, 1976.

Young, Elizabeth. "Vacant Possession". In: Young, Elizabeth, Graham Caveney. *Shopping in Space. Essays on America's Blank Generation Fiction.* Grove Press, New York, 1994.